年轻人一定要懂得的职场生存智慧

ZHICHANG SHENGCUN ZHIHUI

冠　诚 / 编著

北京理工大学出版社
BEIJING INSTITUTE OF TECHNOLOGY PRESS

图书在版编目（CIP）数据

年轻人一定要懂得的职场生存智慧/冠诚编著. —北京：北京理工大学出版社，2011.1

（80　90人生哲理系列）

ISBN 978－7－5640－3892－2

Ⅰ. ①年… Ⅱ. ①冠… Ⅲ. ①职业选择－通俗读物

Ⅳ. ①C913.2－49

中国版本图书馆CIP数据核字（2010）第201622号

出版发行／北京理工大学出版社

社　　址／北京市海淀区中关村南大街5号

邮　　编／100081

电　　话／(010)68914775(办公室) 68944990(批销中心) 68911084(读者服务部)

网　　址／http：//www.bitpress.com.cn

经　　销／全国各地新华书店

印　　刷／北京柯蓝博泰印务有限公司

开　　本／710毫米×1010毫米　1/16

印　　张／15.5

字　　数／180千字

版　　次／2011年1月第1版　　2011年1月第1次印刷　　　责任校对／王　丹

定　　价／28.00元　　　　　　　　　　　　　　　　　　　　责任印制／母长新

决　定

人的一生中，总会遇到许多岔路、困惑和迷茫，尤其是年轻人。年轻人刚刚步入社会，他们正经历从稚嫩走向成熟、从平庸走向卓越的蜕变期，婚姻、财富、前途、未来……都在这时候，在不知不觉中悄然成形。

年轻的时候是人生重要的积累期。通过观察，我们不难发现，凡是毕业后在短期内取得成就的人，都是对自己的心态养成、能力锤炼、性格铸造、习惯培养等方面付出了极大努力的实干者。也就是说，只有那些肯沉下心认真学习、不断提高自己能力的人，才能赢得第一场比赛。

年轻的时候，我们要经历两大转折：

从毕业到就业，从校园到社会——参加工作；

从单身到结婚，从个人到多人——建立家庭。

年轻的时候，我们要面临五大挑战：

赡养父母；结婚生子；升职加薪；开创事业；生活质量。

年轻人能否顺利地完成两大转折、从容地应对五大挑战，能否获得成功、拥抱幸福，取决于心灵的成长度和心智的成熟度。

心灵快速成长，心智快速成熟，需要年轻的我们掌握人生经验和人情世故，具备取舍智慧，合理地规划人生；还需要我们懂得说话艺术和处世哲学，懂得职场规则，具备职场智慧，掌握成功的法则。而这些知识和智慧会决定我们未来 20 年、30 年甚至一辈子的命运。

现实中，很多年轻人往往因没有人生经验、不懂人情世故而在人际交往中折戟沉沙；因不懂得取舍之道而致错误选择；因不懂人生规划而前途迷茫；因不懂社交礼仪而功败垂成；因不懂说话艺术而祸从口出；因不懂职场规则，不了解职场生存智慧而难以晋升；因不懂成功法则而一直在社会的中下层徘徊……

残酷的现实常常使年轻人一飞冲天的野心、大鹏展翅的抱负化为泡影。因此，年轻的你必须掌握发展必备的知识才能走得更远。基于这种需求，我们策划了这套人生哲理系列丛书，祈望能够帮助年轻人迅速完成从校园人到职场人的转变，能够快速地融入社会，成熟而从容地应对眼前的一切。

年轻，没有极限。准备得越充分，飞得就越高。真心希望年轻的你能够暂时停下来，回顾自己的道路，反思自己的行为，决定自己的方向，规划自己的人生。我们真诚希望这套"8090 人生哲理系列图书"能让你有所收获。

目 录

第一章 面试时的智慧

第四章　与上司相处的职场智慧

第五章　职场竞争中的生存智慧

第六章　销售中的智慧

第七章　谈判中的智慧

第八章　释放职场压力的智慧

第一章　面试时的智慧

自卑是面试失败的第一原因

年轻人走出校门，要尽快找到适合自己的位置。面试是最基本的一个环节，也是很重要的一个环节。有的毕业生一走进就业市场就心里发憷，参加招聘面试，心里便忐忑不安。面对激烈的竞争，觉得自己这也不行，那也不如别人。有的毕业生过分注意自己的缺陷或不足，如身高不理想、相貌不佳、人际交往不擅长等，或是对自己所学专业抱有悲观看法。相应地，对自我能力评价过低，不能充分认识自身的长处。结果，在为自己定位时缺乏自信，即使自己完全能够胜任，也不敢去应聘那些高挑战、高薪酬的职位。

使这类人缺少积极参与择业的勇气和信心的是自卑心理，自卑心理让他们缺乏自信心，不愿主动与他人一较高下。在激烈的择业竞争中，这种心理障碍是走向成功的大敌。

那么，如何消除自身的自卑心理，从而决胜职场呢？这就要全面、客观地认识，辩证地看待别人和自己。

自卑心理往往是在表现自己的过程中，由于受到挫折，对自己的能力产生怀疑而造成的。存在这一心理的人们，不妨多做一些力所能及、把握较大的事情。成功后，自己便会有一份喜悦，每一次成功都是对自信心的强化。而自信心的恢复需要有一个过程，切不可操之过急。应从一连串小小的成功开始，通过不断的成功来表现自己和确立自信，来消除对自己能力的怀疑。表现自己时，期望值不要过高，不要操之过急。要循序渐进地锻炼自己的能力，逐步用自信心取代自卑感。

有自卑感的人常常性格内向、敏感多疑。因此，表现自己还得从磨炼自己的性格入手。有自卑感的大学生应多参加集体活动，在活动中培养自己的坚韧性、果断性及勇于进取等优秀品质，确立自信，以逐步克服自卑心理。

克服自卑心理可以通过努力奋斗，以某方面的成就来弥补自身的缺陷，从而消除心理上的自卑。生理上的补偿现象，如盲人尤明、聋者尤聪，这是大家常见的。其实，人还有心理上、才能上的补偿现象。勤能补拙、扬长补短，可以说是心理上、才能上的补偿作用。华罗庚说："勤能补拙是良训，一分辛苦一分才。"请记住：只要工夫深，一定能赶上他人。其次，每个人都有自己的长处和短处，要学会扬长补短。亚历山大、拿破仑，他们生来身材矮小，这自然是他们的短处。但他们并不因此自卑，而是能看到自己的长处并立志在军事上取得成就。经过不断努力，最终他们都成功了。所以说，人的某些缺陷和不足，不是绝对不能改变的，而要看自己愿不愿意改变。只要找到正确的补偿目标，就能克服自身的缺陷或者从另一方面得到补偿。

平时经常自我暗示，对于克服自卑心理也有极大的好处。这指的是个人通过积极的自我暗示、自我鼓励进行自助的方法。人的自我评价实际上就是人对自我的一种暗示作用，它与人的行为之间有很大的关系。消极的自我暗示导致消极的行为，而积极的暗示则带来积极的行动。每个人的智力相差并不是太大，我们在做事的时候，就应不断地暗示自己："别人能做的我也一定能做好。"要始终坚信"我能行"、"我也能够做好"。成功了,自信心得到加强;失败了,我们也不应气馁,不妨告诉自己"胜败乃兵家常事,一定会想出办法的"。

每个人都有自己的弱点和优点,我们应该自信地接受自己的优点,但也不必忌讳自己的缺点,这样就能正确地与人比较,在看到自己不如人之处时,也能看到自己如人之处或过人之处。伟人之所以难以高攀,就是因为众人在跪着看他。其实,最有意义的比较是自己跟自己比。每个人应根据自己的兴趣、爱好、能力、特点等来确立自己的事业和人生道路,为此发奋努力,不断进步,最后实现人生的价值。这样一来,就不会被过去生活中的阴影影响今天的心理状态,进而能够自信地面对求职。

因为畏惧,所以失去

20几岁的你,是不是因为畏惧而失去过很多难得的面试机会?那么,你究竟在畏惧什么呢?

担心被拒绝。初次求职的毕业生因为刚走向社会,迫切地希望得到他人的承认,得到面试方的肯定。然而,这种愿望有多强烈,随之而来的畏惧就有多深。

如果得不到这份工作,结果将会怎样?如果不被认可该怎么办?这些问题会变得越来越突出,并对求职者的行为产生影响,其思路也会因此发生微妙的变化。而当你不再根据自身的能力和热情来展示自己,而选择一味地追求得到承认和赢得赞许,那么你已处于求职的危险境地。你费尽心思讨他人欢喜,而丧失了自己的立场。最终，你将与近在眼前的成功机会擦肩而过。你被畏惧所左右，而不是让自己的才能把你领向成功的大门。

克服这种畏惧的最佳途径是大大方方地面对那些你认为会拒绝你的人。为什么呢？在多数情况下，这些人与你有些距离，因为与他们接触不多，你会凭空将一些虚幻的想法加在他们身上。但其实他们并不是全都如你想象得那样，拒人于千里之外。

对未来没有把握。因无法把握未来而裹足不前的例子俯拾皆是。1967 年，瑞士手表制造商在其研究中心发明了电子石英表。然而，他们却拒绝了生产这种手表的建议。谁会要一块没有发条的手表呢？但 10 年之后，这一决策却使瑞士手表的市场占有率从 65％下降到了不足 10％。出现这一结果的原因在于，日本公司利用瑞士公司的发明，大规模生产、推广了电子表，而瑞士公司最后什么好处也没有得到。这与部分对自己的未来缺乏信心的求职者是十分相似的。

与其他畏惧心理一样，对捉摸不定的未来的恐惧使你不愿轻易改变现状，对你而言，虽说可能目前的工作环境等多方面都不适合自己，但未知的将来却可能更加可怕，于是你宁愿忍受现在的痛苦而不去做什么改变。

聪明地冒险是对付这种畏惧的一剂良药。其实我们选择了求职就是选择了前进在通往未知未来的路上，为什么要裹足不前呢？

畏惧是一种心病，所以只能用"心药"。这药的配方就在求职者自己的心里。冷静地剖析自我，选择无畏，大声地向未来招手吧。

不依赖是一切成功的开始

20 几岁的年轻人，在求职或即将走向工作岗位时，将近半数的人都有依赖心理。根据一份"中国大学生就业状况调查"的数据显示，有41.611%的大学生认为，通过家庭社会关系是最有效的求职途径。在来自大城市的学生中，这一比例更是高达51.29%。

依赖心理实际上是缺乏自立意识和自立能力的表现。在现实生活中，常可看到一些因依赖而使自己陷入被动的例子。单凭父母"门子硬"找到"好"工作的，由于不能胜任工作，常引起单位的不满的例子也不在少数。

出现学生依赖心理较高的原因很多，一方面，在传统的东方教育体系中，父母将孩子视为掌上明珠，认为工作上的事情父母比孩子有经验，就一手包揽。虽然父母也想让孩子独立，但在实际生活中却没有给孩子一个独立的机会。父母的这种"溺爱"教育，给孩子带来一种盲目的依赖性。另一方面，就业形势的严峻也是一个不小的压力。"人多岗少"是当下就业形势的主流。家长希望在少有的岗位中，能一步到位给孩子提供就业机会，不愿让孩子自己去独自打拼。而不少 20 几岁的年轻人也表示，虽然他们也不想依赖父母，但实在是"形势所迫"，因为你的家庭背景和社会关系在某些时候会直接关系到求职的成败。甚至有人认为，家庭关系已经成为求职路上的一道重要门槛。依赖父母不仅是求职的捷径，在某些时候甚至成了必要条件。在巨大的就业压力下，找工作靠关系、靠父母已经在大学生的意识里生根发芽了，甚至还有人直言："大学生找工作就是比爹！"

靠关系，或不想通过公平竞争而想靠捷径、侥幸取胜，都是靠不住的，对自己的成长都是极为不利的。即使你靠关系获得了较好的职位，如果没有真才实学，也是迟早会被淘汰的。

面对双向选择、自主择业，职业竞争日趋激烈。只有摆脱依赖心理，牢固树立自主、自立意识，才能为在竞争中生存、在竞争中胜利奠定良好的主观基础。不仅要学好专业知识，还要注重扩大自己的知识面，拓宽自己的视野，注重培养自己观察问题、分析问题和解决问题的能力，以及独立工作的能力，注重理论和实践相结合，注重自己创造力的提高，有针对性地弥补不足，为自己择业、就业做好充分准备。

20几岁的年轻人要知道：依赖跟工作本身的含义是绝对相悖的。而找工作本身其实就是一个摆脱依赖的过程，就是人生宣誓独立的一种方式。所以，求职时切不要存有依赖心理，勇敢地离开温室，去拼搏吧。

没有最好的，只有最适合的

20几岁的年轻人在找工作时只考虑工作与专业对不对口，对于自己所学的专业和要从事的工作是否真正适合自己，绝大多数是不曾考虑的；要么是不分企业、不分行业、不分工作，盲目发送求职简历；要么是在求职简历的求职意向一栏，写着技术、销售、部门经理等许多职位，而对自己没有一个明确的定位；要么是在就业压力下，只要碰到一个单位想录用自己，则不管该行业和该工作是否适合自己，赶紧签了就业协议书，而且可能一下就签了三五年。

迫于就业压力，以上的种种做法也是可以理解的。但这些做法都带有一定的盲目性，没有站在一个长远角度来考虑自己的就业问题。如果你在找工作之前没有经过详细分析就盲目地进行了选择，那么三五年之后，很可能发现自己仍然面临着选择的困境：觉得现在的工作不太适合自己，甚至感觉工作的每一天都很沉闷或痛苦，工作了几年也没做出多大的成绩；如果辞职重新选择别的行业或职业，那么很可能意味着放弃现在积累的一些专业知识、行业背景和人际关系，不得不付出很高的"机会成本"。

这就要求年轻的你在进入职场之初，克服盲目心理，选择适合自己的职业；而且入职之后，不管能否适应工作，都要做好心理调适，以便尽快在工作岗位上做出成绩。

走向社会，对于20几岁的年轻人来说，还要面对如何尽快更好地适应角色、进入角色和选择角色的人生三步曲，克服落差感，做好自我心理调适，树立良好的职业形象，建立和谐的人际关系。尽快适应角色步入社会，意味着学生角色向职业角色转化的真正开始。年轻人初入职场，被人认可的愿望十分强烈。但从业之初，往往被指派做一些技术含量较低的工作，或被频繁轮岗；曾经是学校里的优等生，如今却只是一名普通员工；学的是热门专业，却没有获得期望的薪酬和机会。评价标准的差异，期望值的跌落，让许多年轻人无所适从。

适应角色阶段的心理调适重点在于了解职业角色定义，安心于工作岗位，克服心理上的落差感。职业角色是用已掌握的本领，通过具体工作为社会付出，独立作业，以自己的行为承担责任。在这一阶段，应当尽快地从以往的学习生活模式中解脱出来，全身心地投入到工作岗位中去。要动态地看待就业，不论是高才低聘，或是期望值跌落，都不会是永远不变的。真正的人才绝不会被永远埋没。

一定要有不怕吃苦做小事的勇气和毅力。荀子说："不积跬步，无以至千里；不积小流，无以成江海。"这句话对年轻人出入职场都有很好的启发。

纵使卓越，切勿自大

20几岁的年轻人才出校门，还视自己为天子骄子。但是，你一定要记住：纵使卓越，切勿自大。尤其是对于身处职场，或即将步入职场的年轻人来说，必须明白这个道理。

希腊哲学家对"卓越"与"狂妄"有一个非常发人深省的观点，他们相信每一个人都有责任把自己的潜能发挥得淋漓尽致。但同时，人的内心应有一把戒条，不能自欺欺人地认为自己具有超越实际的能力，扩大变为自我膨胀幻想，如陷两难深渊，你会被动地、不自觉地步往失败之宿命。

诚然，自以为是的人一般会有某些出众之处。自身的优点必须运用得当，摆在他面前的可能是"卓越"。不然，他就要吞下"狂妄"的恶果。

在卓越与狂妄之间取得最佳平衡并不容易，智者会亲前者而远后者。背道而驰的结果，可能是一生成就得之极少，而懊悔却巨大，成为发挥最佳潜能的障碍，减弱主控人生处境的能力。

在卓越与狂妄之间，我们要远离因为优秀带来的狂妄。狂妄不仅会影响到我们求职，这种心态甚至会影响到今后的工作、生活乃至人生。你一定要谨记老子的八字真言："知人者智，自知者明。"要抱着归零心态和珍惜心态去求职。归零心态也就是空杯心态。应聘的时候，不要把大学学历或者学校的牌子当做光环，当做资历。

必须有一切从头开始的准备，把你过去的经验和知识都归零。只有归零，才能腾出空间接纳新的东西；有了归零的心态，便绝不会自以为是，不会认为自己拿到大学文凭有多么了不起。那么，受点挫折也是自然的事，吃点苦又能算什么。"进科龙的新毕业大学生都得先下车间做生产线上的工人，体验两个月，了解生产线和产品。"这就是一家企业为了纠正大学生"只能做管理人员，只能坐办公室"的错误想法而采取的措施。

珍惜就是要珍惜你现在的一切，今天的学习环境需要好好珍惜。无论未来的工作是什么，只要能学到东西，能有所收获，就要用珍惜的态度来对待。具备了珍惜心态的人不会随便抱怨，也会明白吃点苦对今后发展的帮助。从哲学意义上来界定，归零心态和珍惜意识应该是基于对社会环境和自身价值的认识，它符合用客观、运动、辩证的观点去认识社会及人生。在这个意义上，归零心态和珍惜心态则远远超过了道德范畴上的意义，它让人远离傲慢，远离自以为是。同时，作为一种人类特有的能力和自我反思，总结经验的能力能促使我们不断进步。只要我们时刻持有归零心态和珍惜心态，那么成功就会与我们同在。

铲除"浮躁"之根

20 几岁时，面对求职就业的压力，偶尔有急躁心理也是情有可原的。但如果长期处在"浮躁"状态下以及因为浮躁而作出盲目的选择，将对自身发展产生不利影响，求职的成功概率也会大打折扣。

当我们心不在焉的时候，当我们坐卧不宁的时候，当我们没有耐心做完一件事的时候，当我们计较个人得失的时候，当我们急功近利的时候，当我们盲目地与人攀比的时候，浮躁便犹如幽灵一样，悄悄地向我们走来。它腐蚀我们宁静的心灵，让我们自寻烦恼，喜怒无常，焦虑不安，患得患失；它挑逗我们坚强的意志，让我们浅尝辄止，东一榔头西一棒槌，这山望着那山高；它贿赂我们凡人的肉体，让我们耐不住寂寞，守不住信仰，宁愿放弃原来的理想和努力。

浮躁的人喜欢与别人比，但总是比不过别人；浮躁的人急功近利，但总是得不到最大的利益；浮躁的人总想做大事，但他们往往连小事都做不好。

这和企业的用人目的是相悖的。所以，浮躁一旦表现出来，就很容易让企业放弃你，使得求职的成功率很低。

此外，还有些人在就业择业时过分看重地位，过分看重实惠，一心只想进大城市、大机关，去沿海发达地区，到挣钱多、待遇好的单位。甚至为了暂时的功利，宁可抛弃所学的专业。这种心理可能会使你得到一些眼前的利益和满足，但从长远发展来看并非明智的选择。

而要想彻底铲除"浮躁"之根，就要求我们学会专注。专注的人有一种永恒的定力，在各种时尚潮流面前不会左右摇摆，更不会发出"外面的世界很精彩，这里的世界很无奈"的感慨。他们不会朝秦暮楚地跟着感觉走。在外人看来，他们可能是"众人皆醉我独醒"的异类，是"做我自己"的偏执狂，但这种远离浮躁的标新立异却是他们成就一番事业的超级密码。

总之，浮躁不仅容易导致自身短视，容易导致不能专心做事，而且还使得用人单位顾虑重重。要想找好的工作，一定要先沉下心来，切忌浮躁，不做"头重脚轻根底浅"的墙上芦苇。

消除盲目的攀比心理

"小张去了上市公司，小李去了外企……看来看去都比我好，可他们的能力并不比我强多少，我怎么就得去一般的小公司呢？进不了大公司，我就不工作了！"

一棵树上的树叶，没有两片是相同的。大学生的"就业攀比"是在和别人作无谓的对比，这种"面子"上的较量，最终受伤最重的很可能恰恰是自己。如果实现不了自己的目标，攀比者必然是情绪低落、心态失衡，"高不成低不就"便由此产生。

在用人单位眼里，现在的求职者往往高不成低不就。他们认为，现在的求职者没有以前那么肯吃苦，专业知识又不能马上运用到工作岗位上来。这样的成见固然跟用人单位对求职者的具体情况不完全了解有一定的关系，但很大一部分原因还在于求职者自身。

人各有所长，人也各有机遇。努力寻觅自己中意的工作，这种做法本身没有错。但要明白一点：工作是找给自己干的，不是找给别人看的。一个人有清晰的自我定位，也在很大程度上体现了自身的成熟。近年来，越来越多的大学生选择当村官、下社区、进民企，有的人甚至为此放弃了到手的或可能很快到手的优厚的物质待遇。这本身就是大学生们心态日益成熟的表现。清晰的定位，务实的态度，再加上长远的眼光，才是年轻学子们得到理想工作的重要因素。

那么，该如何抛弃攀比心理，正确求职呢？

首先，读书期间苦练内功，积累专业能力。证书不代表能力，但用人单位在筛选面试材料的时候，这些是很重要的指标。如果你学的是会计，最好能拿到注册会计师资格证书；如果你想进外企，最好能有足够高的托福成绩和一定水平的外语口语能力；如果你想成为公务员，你最好先是党员并且具备相关的行政能力。

其次，找工作时不受专业局限，拓展综合知识。 用人单位愿意录用研究生往往是看重他们的综合知识背景。因此，要拓宽自己的就业面，在读书期间多接触有关经济、管理、营销方面的知识，使自己成为一名复合型人才。

在主动求职前，必须先认真分析自己的兴趣特长、性格气质、能力水平等，了解自己的价值观、就业倾向、就业态度，分析自己的求职技能和技巧，从内心先问问自己想干什么、能干什么，客观分析自己的竞争力如何。要做到有头脑地自己与自己竞争，而不是一味地与他人攀比。

再次，要肯吃苦，愿意从基础做起。 作为一名新人进入公司，由学生转变成为企业员工时，有太多的技能需要学习和掌握。面对新的环境，我们只有肯干多干，才能在实践的过程中积累更多的经验，才能为将来的工作打下扎实的基础。

最后，认真对待自己投出的每一份简历。 很多同学在投简历时怀着"广撒网、多捕鱼"的思想，他们坚信投简历量变会引起质变，这样能使自己得到更多的机会。但当面试机会真正出现在眼前时，他们却会因为对所聘企业知之甚少而与工作失之交臂。所以，在面试之前，我们应该对应聘的单位有充足的了解，善待投出的每一份简历。

相信做到了以上几点，在不断有意识地加强自身能力的同时，准确地进行自我定位，就一定能消除求职时盲目的攀比心理，不再使自己高不成低不就。

简历一点都不简单

找工作时离不开一份好的简历。如何撰写简历，在短短几页纸中突出自己，给面试官留下深刻的印象，已经成了年轻人求职最头疼的一件事。如果你想找个好的简历模板、样本、范文，上网一搜就是一大堆。但好的并不是最适合你的，稍有不慎，简历不但成不了敲门砖，还会变成绊脚石。

制作简历有四大病症需要注意。

简历病症1：厌写症——"一页纸简历"

一位人事经理看简历的时间不超过30秒，冗长的简历会让人事经理心生厌烦。于是，"一页纸简历"应运而生。为简历"瘦身"很有必要，但一页纸简历适用于行政、管理、市场、HR等职位，却不适用于项目经理及技术类职位。以招聘开发工程师为例，HR要在简历中看到应聘者的实践经历、能掌握何种语言等信息，一页纸难以承载如此多的内容。另外，还有一些学生缩排字号，这样会影响阅读效果。如果一页纸写不下所有内容，那就不妨创建一份足以列下你所有工作经验和技能的简历。

简历病症2：贪靓——盛装简历成潮流

各色封面、数码冲印照片、用Photoshop特制的自荐信底纸等横空出世。有学生随简历附送VCD，还有学生在简历里作诗、配卡通图案，更有甚者在简历的第一页写上"通缉伯乐"。过分为简历"扮靓"往往适得其反。比如给简历设置封面，既浪费人事经理的时间，又浪费纸张。当然，这种简历也要分职位区别对待，比如会计、硬件工程师等强调严谨性的职位，需要的是朴素的简历，而有的广告公司招募"创意鬼才"，应聘这种职位时在简历设计上动动脑筋就很有必要。

简历病症3：大嘴症——极尽夸张之能事

很多学生为了表现自己的组织协调能力，在描述实习经历时常用到"负责公司某某项目"这样的语句。更有学生在进行个人评价时，将自己形容成一个毫无瑕疵的人。恰当的用语是一份合格简历所必需的，人事部门都清楚，一个实习生是不可能独立承担公司项目的。"负责"之类的语句会给人夸大其词的感觉，不如用"协助"会更合适。

简历病症4：偷懒症——一份简历投遍天下

很多学生广投简历。而为了省事，不少人不管面对的是哪家公司、哪种职位，都会递上一份内容相同的简历。

实际上，针对不同职位的需求，企业会有不同的考察侧重点。比如招聘技术型人才时，看应届毕业生的简历会比较注重其专业成绩、在校是否有过相关作品；如果招聘管理型人才，除了看所学专业和学习成绩外，还会注重他在校时担任的工作、参加的社会活动等。

在制作简历时，避开以上误区，结合专业情况，做出最适合自己的简历，才是最恰当、最明智的。

面试是场心理战

面试就是面试者和求职者之间的一场心理战。作为应聘者来说，了解对方的心理特征，做到"明明白白他的心"，就能变被动为主动。因此，年轻人适当学习一些心理学，掌握面试考官的基本心理特征，有准备、有针对性地参加面试，对提高应聘的成功率是大有好处的。

面试考官有三个基本心理特征：最初印象和负面加重倾向、雇佣压力和暗示、赏心悦目。

最初印象和负面加重倾向。国外有学者研究后得出结论，至少有85％的考官在面试真正开始前，已根据应聘者的应聘资料对其产生了最初的印象。最初印象对面试的过程和结果有着十分重要的作用。根据心理学的原理，如你给人留下的最初印象不好，那么要想改变这种印象将是很困难的，这就是负面加重倾向的作用。了解了考官的这一心理特征，我们就应当认真准备自己的应聘资料，尽可能让自己的缺点和不足被优点和特长所掩盖。当然，更不要因为自己不得体的穿着打扮、面试开始时的一举一动而给考官留下糟糕的印象。

雇佣压力和暗示。所谓雇佣压力，是指考官面临完成招聘任务的压力。考官的雇佣压力对应聘者来说是个机会。有人曾做过实验：将人力资源经理分成两组，告诉其中的一组，他们离完成招聘任务的指标还相差很远；而对另一组的人说，他们已快完成招聘任务了。结果，被告之离招聘任务相差甚远的那组，对应聘者面试的评价要远高于另外一组。

当然，应聘者较难知道考官的雇佣压力。但是，在面试中，考官完全可能无意识地流露出这种情绪。由于急于完成某岗位的招聘任务，考官可能无意识地用暗示来表现这种情绪，甚至主动引导应聘者正确回答问题。比如，他们会说："在外语上，你应该没有什么问题吧……根据你的经历，对某技术问题可能不成问题吧。"在大部分情况下，暗示不会这么明显，而是会有点隐晦。比如，考官认为你的回答是正确时，他会面露微笑，或轻轻地点头。不失时机地把握考官的雇佣压力，及时地接住暗示，并沿着这条路走下去，你就可能达到目的。

在面试中，你要尽可能保证自己赏心悦目的形象。这里所说的赏心悦目不仅是指应聘者的穿着打扮，而更强调的是求职者在应聘时的眼睛、面部表情。有研究表明，那些善于运用眼睛、面部表情，甚至简单的小动作来表现自己情绪的应聘者的成功率，远高于那些目不斜视、笑不露齿的人。

此外，在面试过程中，招聘者还会提出各种各样的问题。了解这些问题背后企业真正的潜台词，对你的面试成功也很有帮助。

你了解公司吗？——希望了解你对公司和行业是否进行过足够多的研究，是否了解公司今后大的定位和方向。

你了解这一工作吗？——希望你能对想要应聘的工作和即将承担的责任有一个总的了解。回答的好坏关系到你对此工作是否真的感兴趣，是否具备相关技能或迫切希望开发这些技能。

你能够做好这一工作吗？——需要了解你以往的具体经验，看看你过去如何解决问题。

你具备这些品质吗？——想要衡量你所拥有的无形品质，如创造性、精力、诚实性，而这些东西是从你的简历上难以了解的。以此来了解你是否适合公司，是否适合共事。

你会与我的团队好好合作吗？——许多工作需要团队来实现目标，通过这一问题来确定你是不是一个好的团队合作者，这一点重要。

用自信的微笑去征服考官

良好的自信心是一切成功的基础。自信会让你认识自己所扮演的人生角色，这样你就能精神饱满地迎接每一天升起的太阳。自信不是财富，但它会带给你更多的财富。当你真正地进入到工作中来，拥有并保持自信，你就拥有发言权，就会得到升迁的机会，就会承担新的更具有挑战性的工作，你得到的成功机会也就更大。

这里说的自信是建立在对自身的正确评估上的，并非盲目的自信。如果为了能找到好工作、好职位，采取了"先入为主"的虚张声势方式，无限度地放大自信的本义，以为先靠"两片嘴""蒙"过第一关，后面再去"补"也不迟的心态去面试，结果往往会到岗后力不从心，原形毕露，既误了自己也误了企业。

这里的自信是建立在正确认识自己能力的基础上的，是能够独立承担工作任务的魄力和信心。作为年轻人，有自信当然是好事。但如果把自信建立在毫无实力后盾的夸夸其谈上，这种自信心就不叫自信，而该叫自吹了。

不可否认的是，在没有太多的社会经验和工作经验的前提下，20几岁的年轻人直接找一份好工作确实不易。但这只是外因，阻碍你找到一个真正能够发挥自己所长的岗位的心理上的最大障碍其实正是你自己。人类最大的弱点就是自贬，即廉价出卖自己，这种毛病以数不尽的方式显示出来。例如，看到一份他喜欢的工作广告，却没有采取任何行动，因为他自卑地想："我能行吗？竞争的人太多，我的能力恐怕不足，何必自找麻烦？"结果，与机会擦肩而过，失之交臂。

对刚走出校门的年轻人，求职面试时的自信对获取一份工作尤为重要。这时，一定要作好面试前的全方位六大准备，即物资准备、心理准备、研究准备、问题准备、仪表准备、礼仪准备，对面试中的每一个环节仔细分析、认真研究，充分的准备可以帮助你镇定自己。

不打无准备之仗，自然心里有底，不慌不忙，充满必胜的信心。心存疑惑，就会失败，相信胜利，必定成功——用自信的脸庞去微笑吧！

微妙而重要的亲和力

在人与人相处时所表现的亲近行为的水平和能力称为亲和力。亲和力的高低常常取决于人的性格特征，如有的人生来不爱笑，有的人从小不爱亲近人；有的人天生爱热闹，有的人天生具有丰富的幽默细胞。人们相信他们喜欢的人，想要别人听你说话，认可你，你得先让人家喜欢你。面试的时候也是一样，好的交流者能产生出"亲和力"，从而更加利于面试的沟通，加大求职的成功率。

怎样才能具有这种良好的亲和力呢？这种能力的培养并不是在面试的时候能够一蹴而就的，它需要在日常生活中就进行有意识的培养。

1. 深刻认识自我

人贵有自知之明。一个人只有深入地了解自我，才能有了解他人的基础。因此，先深刻地认识自己才是真正具备良好的人际亲和力的基石。每个人在成长的过程中，都会经历一些创伤和问题。也许会在童年时代感觉到自卑，或者自傲，或者是以自我中心，或者

18

曾经遭受到各种各样的心灵上的创伤，这些问题的存在，都会影响到成年之后的良好的人际亲和能力。深刻地认识自己和了解自己，不让童年时代的阴影影响现在的人际交往必须从自我反省开始。

　　不断地进行人际交流实践，并加强自我在实践中的体验和感受。在深入了解自己的基础之上，再进行人际交流的实践是加强人际亲和能力的重要过程。在不断的人际交流的实践中，别人作为一面镜子，可以折射出自己的某一面，从别人的身上，可以看到自己心灵中自己看不到的侧面。在与他人的交流和实践中，又可以不断强化自己的实战能力，随时地修正自己。有一些人在童年时代就很少有和人交往的机会，虽然他们在童年时代曾经是一个快乐活泼的幼儿，可是由于封闭的家庭环境，他们和人交往的潜能被压抑了，他们成年以后渐渐成为一个木讷寡言，容易紧张害羞的人。有的人在青少年时代很少和人交往，缺乏实践的机会，在他们成年以后，因为生活所迫，不得不去谋生，如做销售等专门和人打交道的职业，渐渐地，他们和人交往的能力在实践中就无形地增强了。所以，实践是增强人际亲和力的必经课程。

　　2. 自我意识扩大化，加强人际包容能力，加强对他人的理解能力

　　每个人都有自己特定的一个成长环境，而他所生长的家庭环境和社会环境给他的自我意识打下了一个烙印，对人会有自己的独特的看法。这些观点在和他人交往的时候，都会影响到对他人的评价。当他是从自己的世界观、人生观和价值观去评价他人时，就无法深入理解他人的内心深处的感受。所以，在洞察自我的基础上，在人际交往的实践中，要不断地放下自己的固有的价值观的标准，能耐心地倾听来自他人内心深处的声音，便会看到一个个与自己不同的全新的内心世界。在不断重复的过程中，他的自我意识就会扩张，对人的理解能力也在增强，一个能深入理解他人的人际亲和力自然就增强了。

3. 防止烦躁情绪的干扰和破坏

当人们处在高度的压力下，就会出现焦虑的情绪，许多内在的情感需求得不到满足，就会不断地从潜意识中浮现出来，便会变得烦躁不安。虽然懂得人际交往和亲和的原则，可是生理状况不允许他们做得很好。所以，他们不由自主地发脾气，会因为一点鸡毛蒜皮的小事而生气，渐渐地在无形中便会给自己的人际关系增添许多麻烦，人际亲和力就会下降。

亲和力真是一个多么微妙而重要的东西，它一旦形成并融入个人的性格，所产生的巨大力量为你带来的将不仅仅是面试上的成功，更会给你今后的职场人生带来更大的精彩和更多的乐趣。

树立第一印象只有一次

心理学家认为，第一印象与外表、肢体语言及谈话有关。一个无心的眼神，一个不经意的微笑，一个毫不起眼的细小的动作，都是留给你的面试官的第一印象。而第一印象一旦形成，便很难改变，往往会决定你的面试成败，决定你的饭碗问题。因此，你要珍惜这仅有的一次机会。平日的自我修炼有助于让自己把握好这仅有的"第一次"。

在形成第一印象的因素中，重要性仅次于外表吸引力的就是身体语言。有研究表明，在人际交往中，身体语言的信息要比有声语言信息的内涵多好几倍。在现实中，我们大多数人是以直观迅速的方式，去理解别人的肢体语言。有时，这对于发现积极或消极的信号有一定作用。为了建立良好的第一印象，心理学家建议，坐的时候两脚要着地，坐和站的时候不要手臂交叉，还有要注意眼神接触等。

需要提醒的是，只有人的身体语言传达的信息和其说出来的内容相符合时，才可能赢得他人的信任。心理学家曾研究发现：如果要求不同受试者分别向他人陈述假话与事实，说假话的受试者会不自觉地与对方保持较远的距离，而且身体向后靠，肢体活动较少，但面部笑容反而增多。

展开有效的谈话是树立良好的第一印象的另一个重要部分。在面试中，求职者对自己的经历及能力的表述应该简明扼要，适可而止。在与考官的问答中，求职者切忌迫不及待地抢话或争辩，要注意谈吐谦逊、自然，以增加自己的可信度和亲和力。

我们在平时要注意自我修炼，比如找到适合自己的打扮风格、不断学习和充实自己、适时展现自己的气质和风采。还有，一个人只能具备一技之长也会给人留下一个美好的第一印象。在面试的时候，则要将自己"用心"地展现出来，给面试官以良好的印象，用第一印象向面试官说：我就是公司需要的那个人。

在面试中，求职者如果能维持良好的眼神交流、直挺的姿势、恰当的微笑或眼神，就可以让考官觉得这是一个自信且可亲近的人。

"五步"获得职场通行证

20 几岁时，应该怎样参加面试，获得职场通行证呢？在许多成功的事例中，我们总结出五个步骤，简称"五步法"。

第一步：仔细听讲

理想的面试是在经过充分的调查、对用人单位的招聘岗位需要有了足够的了解之后再去参加面试。请记住，面试是一种动态的活动，随时会发生各种各样的情况，且时间又非常短促，可能还来不及考虑就已经发生了。因此，即使事先准备得很充分，也一定要意识到参加面试时最重要的工作是用耳朵听，然后对所听到的话做出反应。这样就能很快地把自己从一个正在求职的人，转变成一个保证努力工作和解决问题的潜在的合作者，此时就获得了 20% 的成功。

第二步：引起注意

能参加面试，说明你是适合这个工作的理想人选之一。因此，要采取主动，用各种办法来引起对方的注意，如形体语言、着装、一句问候语，都会在有限的时间里引起对方的关注。

"早上好，先生。来贵公司参加面试我很高兴，看来我的资格符合您的需要。"或者说："来贵公司参加面试，我很高兴。看来我会符合贵公司的需要。"这样能让对方记住你的姓名和你的特点，其目的是在短短的面试期间，给聘用者留下深刻的印象。这样一来，你就获得了 20% 的成功。

第三步：激发兴趣

要让对方对你产生兴趣，必须证明自己作为受聘者的潜在价值，从某方面来激发聘用者的兴趣。努力把自己想说的话表达出来，才能达到目的。例如，"我在班里承担过管理工作"或"我为院里做过一些管理工作"，诸如此类的话不会起多大作用，因为过于宽泛。"我专门处理学生会中学习方面的具体问题"、"我在学校组织过大型运动会"，这样的话才能打动目标聘用者。这样一来，又为你争取到了 20% 的成功。

第四步：促其动心

要说服人是一件比较难的事情。必须能不断地揣摩对方说话的反应，听出"购买信号"。这些信号可能很明显，如对方会说"我对此有兴趣"等。更多的时候，这些信号比较隐晦，如"请多告诉我有关……"或"你能在……方面谈得更具体一点吗"。无论表达方式是直接还是隐晦，这些"购买信号"表明你按对了按钮。激起"购买信号"后，就要把全部注意力集中到能引起对方积极反应的事情上来。这样一来，你又为自己赢得了 20% 的成功。

第五步：促使对方尽快作出决定

假定在面试快要结束时，你仍然对这份工作感兴趣，但又感觉还没有与对方完全沟通好，试试这个问题："我什么时候可以得到您的答复？"或者："我希望尽快得到您的信息。"请记住，这最后的 20% 更多的是靠机会了。

跨越"自杀式"雷区

刚从大学毕业，很多人一天到晚地面试，但总不成功。经过分析，原来有40%到50%的人，采用了"自杀式"的表述。

自杀式一：奋不顾身

奋不顾身面试1：

"请简单介绍一下你自己。"

"我是一个很普通的人……"

自杀理由：给你一个机会，就是让你证明自己的优秀的。每一个人都有闪光点，关键是你如何寻找。但是，你这样的回答让人觉得你连想都不敢想。

奋不顾身面试2：

"请简单介绍一下你自己。"

"我今天准备得不太好……"

自杀理由：你的意思本来是：我还可以更好的。但面试官听到的意思是：没准备好还来干吗，太不尊重我啦！

自杀式二：天花乱坠

"说说你的优点。"

"（用一种熟练无比的不过大脑的声调）我团结同学、尊重老师、热爱生活、兴趣多样、积极主动……"

自杀理由：优点不是越多越好，而是越真实和越独特越好。很难想象一个人如何可以"团结同学"同时"独立研究，刻苦钻研"，还要"积极投身社团"。

什么优点都有的人 = 没有优点。

自杀式三：我要借工作学习

"你希望通过这份工作获得什么呢？"

"我希望通过这份工作锻炼自己，提升自己的能力。"

自杀理由：公司又不是学校，是希望你过来干活的，学习的目的也是更好地工作。你居然准备拿我们的工作机会练手？我们还是找一些更靠谱的人吧。

自杀式四：过度关注报酬

"你还有什么问题么？"

"我想问一下工资大概是多少？还能高些么？"

自杀理由：一般来说，工资完全可以在公司的网站、一般的行业网站找到，或者私下沟通。在大公司面试的时候，问这个问题不太合适。因为很多 HR 会认为，就业是一种双向选择，你还没有展示你的能力呢，我凭什么选择你？建议在基本意向确定以后再问这个问题。当然，就这个问题，有不同的意见。有人还建议说当场问会显得自己很有信心。在职人士的话，一定要谈薪酬。

自杀式五：我会努力的

"你会如何面对你的新工作？"

"（眼神坚定，满脸通红）我会认真努力，尽全力做好。"

自杀理由：商业社会，态度不等于能力。不管你是全力以赴还是认真努力，没有达到目标，也是无用的。不管你是心不在焉还是兢兢业业，只要最后达到了公司所要的结果，那就是好员工。你可以尝试提供你准备的具体的行动步骤和目标，否则这个问题基本等于没有回答。

自杀式六：我应该……

"如果你给一份……的任务，你会怎么做？"

"我应该能够做好……"

自杀理由：我应该能够做好，反过来说就是，做不好也不怪我吧？企业是用结果说话的，应该做好……那还有应该做不好的地方怎么办？这是一个责任心的测试。但是，"应该"者失败了。

如能避免犯以上错误，跨越上述"自杀式"表述的雷区，离你的面试成功也就不会太远了。

沉着应对电话里的考验

有的企业在收到简历之后，为了在面试前做进一步的筛选，用人单位往往用打电话的形式进行首轮面试。电话面试的时间一般在20～30分钟，用以核实求职者的背景和语言表达能力。对于大学毕业生来说，电话面试不像面对面交流时那样直接，表现余地相应较小，仅能凭声音传达个人信息。究竟电话面试里用人单位将如何提问，应聘者又该如何应对呢？

1. 电话面试会问什么

为了确认求职简历的真实性，企业人事部门首先会对简历内容进行确认，看看是否有漏洞，是否有不符合事实的地方。此时，应聘者必须冷静快速地回答问题，回答过程中的丝毫犹豫都有可能给对方造成说谎的错觉。因此，最好将简历放在手边，可以看着内容回答提问。

其次，对简历内容确认之后，面试官会针对应聘岗位问些专业技术方面的问题，比如你的专业技能、对应聘职位的看法，有时会问得很细。对于这些问题，千万不要慌张，保持镇静，抓住问题要点，尽你所能，如实回答。

在回答一些专业问题时，你的答案要尽量显示你对那些专业术语非常熟悉，并能用简短的语言表达清楚，重点突出，不要回答得含糊不清。

任何面试都是双方相互观察和了解，而不是面试官单方面"审问"应聘者。面试官会对应聘者提出各种问题，以此来衡量你是否适合本公司。同时，应聘者也可以向面试官提出任何你想了解的问题，但薪资待遇问题最好不要提及。否则，对方会认为你比较功利。

2. 接听电话要冷静

"知己知彼，百战不殆。"想从容面对电话面试，就得先了解电话那头的"对手"是谁。因此，要问清面试官的名字与公司名称，并确定自己的念法正确无误。当然，对应聘公司的信息了解得越多，就越容易应对面试。其一，容易理解面试官的提问；其二，当面试官了解到你掌握很多公司的信息时，会对应聘者产生好感，面试也会变得轻松起来。如有可能，最好提前准备一份你要问面试者的问题清单。你还需要整理出一份你接受过专业技术培训的列表，这会让你的实力一目了然。

同时，在手边放一些纸和一支笔，记录对方的问题要点，便于回答。请记住，接电话的时候不知道说"你好"，光是"喂"，"印象分"就差了，接下来的效果可想而知。

3. 接听电话要注意语速

在面试过程中，不要机械地背诵你所准备的材料。回答问题时，语速不必太快，发音吐字要清晰，表述要简洁、直截了当、充满热情，使得谈话有趣而易于进行，语速过快反而会弄巧成拙。

如果问题没听清楚，要很有礼貌地请面试官重述一次，不要不懂装懂。回答时，尽可能表现得有礼貌，不要答非所问。要记得，请求面试官说得更清楚一些是正确的做法。如有必要，甚至还可以要求面试官改用其他方式重述他的问题。

感到紧张是很自然的，但要试着让自己慢慢放松。如果你说得太急，面试官会很难听懂你的意思。一旦你感觉到很紧张，而且在说某些话时无法继续下去，最好停下来，深深地吸一口气，然后说："对不起，请让我再来一次。"请记住，尽量保持语调轻松，充满自信。值得一提的是，外资企业的电话面试大多是用英语交流的，只要英文不差，听得懂对方的问题，回答要力求简单明了。

"推销自己"要有度

一些对某公司、某职位怀有极大热忱的应试者在整个面试过程中，往往容易只顾努力地"推销自己"，而忽略了招聘者的各种反应。实际上，"推销自己"与"过分推销自己"之间有着非常清楚的界线。成功的求职者不会跨越这条成功与失败的分界线。

一位各方面条件都不错的应聘者就是因为没有把握好"推销自己"与"过分推销自己"之间的"度"而最终被淘汰。她在90分钟的面试中，将大部分时间用来细致地描述自己取得的每一次成功。有时，她讲得太深入，致使考官中断了她的讲话。起初，她详尽的回答的确使考官很受感染。但三番四次之后，考官就烦了。用他自己的话说，他开始只想提一些只要用"是"或"否"就可以回答的问题。

这位应试者太专注于"推销自己"了，而事实上她的简历已经向面试官清楚地讲明了她的所有历史，包括在跨国公司的多年经历，以及快速的提升等等。而考官想知道的是在专业背景以外，她是一个什么样的人。但对于向她提出的每一个问题，她总是用自己工作中的成功经历来作答。从考官的角度来看，应试者多少有一些傲慢、专横、自以为是。她并不考虑考官的反应，而是将一个双向式的交流变成了一个单方面的演说。过分热衷于给考官留下一个难忘的印象，结果却适得其反。考官很快就结束了这次面试。尽管他完全相信这位应聘者的专业营销能力，却对她是否是一个能与同事轻松共事的人产生了怀疑。

在以上例子中，应试者对面试做了充分的准备，对公司和公司的战略也进行了认真的研究，并融合了自己的经历和职业目标。尽管她热情很高，但她没有考虑到的一点是：过于"卖力"的自我推销，其结果往往是适得其反。

第二章　搞好人际关系的职场口才

人际关系决定职业前途

　　职场是由人与人组成的特定的社会组织环境，生活在职场中就必须善于与他人交往。这种在人们交往过程中发生、发展和建立起来的人与人之间的关系，称为人际关系。人际关系的表现及其处理方式是多种多样的，其中影响较为直接的、作用较为强烈的，常常表现为工作中的同事关系、上下级关系、个人与集体关系等；经常起作用而看起来其影响又不是很明显的，则有个人欲求与组织意志之间的关系、个人私念与组织需求之间的关系、"小我"的利益与组织整体利益之间的关系等。更重要的是，人际关系对人的心理健康会产生极大的作用。俗话说，"地利不如人和"，其道理就在于此。

　　心理学家指出，人际关系是一种重要的社会心理现象，通常称之为事关人生成败的"心理氛围"。一个人如果在职场中善于与周围的人保持良好的关系，经常与别人进行情感交流，就会感到心情舒畅，感到"安全"。不仅如此，这种人的郁闷可以得到排遣，精神可以得到升华，这又有助于人的心理健康。

　　一个人到了20几岁以后，尤其是参加工作后，社会的天地更为广阔，同事关系、上下级关系、亲友关系、邻居关系，以及恋爱对象的关系、结婚后的夫妻关系、生育后子女关系等均接踵而来。此时，人不仅需要靠和谐的长幼关系和融洽的朋友关系来维持自己的安全感与进取心，而且要把握好同事关系、上下级关系，在单位中找准自己真正的位置。

如果工作单位认为你是一个"可有可无"的人，或者你与单位领导或同事间的关系较为紧张，你就会使自己处于一种莫名的不安状态中，感到无助或寡欢，并因此会引起不愉快的情绪体验，如抑郁、孤立、忧伤和愤怒等，甚至会对生活产生失望心理。这些不但对你的心理健康都是很不利的，而且能决定你的未来职业前途。职场人际关系要么成为你职业前途的润滑油，要么成为你职场前途的绊脚石。

幽默有力量

在职场的人际交往中，幽默具有十分重要的价值。幽默在谈话中之所以重要，不在于滑稽的表现，而是发挥人性的温暖，展露理性的笑容，使听者感到喜悦和轻松，进而让听你说话的人喜欢上你。而只要他们喜欢上了你，无论你说什么，他们都会乐意听下去。你给他人留下亲切可敬的印象，就能使你的观点为人家所认同。

在言谈中，一些难以直说的观点往往可以通过开自己玩笑的方式表达出来。比如，在谈到时间的重要性时，你可以说："记得在刚开始工作的时候，前辈们告诉我专心工作可以让我忘却一切烦恼。但直到最近我才发现，这句话果然有效。"这种把幽默的玩笑口吻用到自己身上，借以表达你自己的观点时，就能和听者建立一种紧密的沟通关系。因为人的注意力是相对的、暂时的，在吸引对方注意力方面不能指望一劳永逸。一旦你说话变得平淡，听者就会感到乏味，注意力就难免要分散。因此，你在谈话中，要时时注意观察对方的反应。一旦意识到对方的注意力有所分散，就要努力把他拉回来。你可以改变一下话题，或者是换一种说话的方式，用一句俏皮话或一则笑话把对方的注意力再次集中到你的身上。

此外，幽默也是你自身修养的表现。只有真正有修养、乐观开朗的人，才会实现幽默的效果，而不是刻意地伪装或模仿。因此，要成为有幽默感、善于以趣谈理的人，关键是要加强自身的文化修养，培养自己的机智敏锐，保持乐观的心情。

话说一半的作用

在职场中，如果领导和下属说话絮絮叨叨，什么都一定要讲清楚，下属对领导的决策一览无余，就容易滋生懒惰的心理，只做领导交代过的，不能主动工作和积极思考。所以，有的领导经常在安排工作的时候，说到一半不说了。下属们走出办公室的时候，往往会更加谨慎，能够想到领导没有想到的，做领导没有交代过的，生怕有所遗漏。甚至当下属干完工作向领导汇报的时候，也会小心翼翼，生怕领导批评自己没有准确领会领导意图。

孔峰是外贸公司的业务代表，在多年的业务交流中，他跟另一家公司的销售经理李力诚成为要好的朋友，两人在工作之外也经常一起吃饭。

后来，公司要谈一笔大业务。领导找到孔峰，就问他和李力诚的关系，孔峰没有去分析领导的"留白"。后来，孔峰的公司丢掉了一笔大订单，大客户改签李力诚所在的公司。公司里开始有了一些传言，说孔峰把公司的底价透露出去了。孔峰百口莫辩，才知道当初领导的深意。所以说，在和同事的交往中，留白更加重要。和同事沟通的时候，要留心对方没有说出来的话，有耐心把事情了解透彻再作决定。

金伟和侯肖是竞争对手。其实，侯肖的态度一直非常平和。有时候，两个人为一个方案争辩的时候，侯肖的态度从不像金伟一样激进，反而更像商量事情。

但是，金伟并不理睬侯肖的态度，反而像吵架一样逼迫侯肖表明立场。有时候，侯肖的观点还没说完，就被金伟粗暴地打断。

金伟非常好奇，为什么公司里不少有胆、有识、有为的年轻人，都在跟侯肖的较量中纷纷落马，摔得鼻青脸肿夹着尾巴落荒而逃，而眼前的这个人，说话经常说一半、漏一半，毫无干练之处。

金伟有和侯肖一决胜负的勇气。他觉得，自己始终占据着各方面的优势，年轻、博学、新潮、反应灵敏，懂电脑、懂英文，这些都是侯肖根本无法具备的。侯肖唯一能炫耀的就是他的经历和经验，据说十几年前他是和公司一起创业的。但是，金伟对此同样不以为然，他认为这就是侯肖所有的筹码。

但是，金伟没有想一想，这个含蓄内敛的人必有过人之处。不然，为什么其他的老员工都纷纷离职，只有他稳坐钓鱼台。金伟的部门是公司策划部，每次开会的时候，金伟都大出风头。后来，甚至没有侯肖发言的机会。

由于金伟迅速而果断的办事能力，几乎所有的同事都发现侯肖的落伍。但是，就在金伟得意的时候，却被侯肖的"留白"大大地栽了一跟头。

那一天，侯肖领了一个人来找金伟安排工作，说这人是他的……未等肖说完，金伟便打断了。金伟连侯肖都不放在眼里，况且是侯肖的亲朋好友。于是，为了让侯肖尽失颜面，金伟故意把侯肖周围的人，查户口一样地盘问了一番，然后一纸调令让他去了一个无关紧要的部门。

没想到的是第二天，董事长把金伟叫去，他才知道刁难的那个人是董事长恩师的外甥。从此，无论金伟多有能力，董事长都刻意地回避让他发言。公司所有的高层捕捉到这个信号后，对金伟都开始冷漠，就像金伟并不存在，至多是一个可多可少的物品。

当金伟怒气冲冲地找侯肖质问的时候，侯肖还是很平静地说，要想不办错事，就一定要先学会不打断别人说话，其他没什么可以传授的。后来，内忧外患、腹背受敌的金伟终于决心另外去寻一份工作了。

只有注意给别人留有转身的余地，自己才有大道可行。现在的人们考虑问题都喜欢相对思考，对于绝对的东西，在心理上常有一种排斥感。比如，在工作中，有一个人斩钉截铁地说："事情必须这样做！"别人在心理上就会有另外的一种想法，那就是："我难道必须执行你的想法吗？"

所以，不能说太绝对的话和一切容易伤害别人情感的话。更严格地说，在和别人接触的过程中，最好少使用一切确定的词句，如"一定"、"必须"怎样怎样等。谈个人的意见的时候，可以用"我想"等词语来代替。与他人相处的奥妙，是成功与失败的关键所在。如果一个人总是出言不慎，处处跟别人争辩，那么，他将不可能获取别人的真诚与合作。

职场慎言，祸从口出

在办公室里，同事之间，每天见面的时间最长，谈话可能涉及工作以外的各种事情，"讲错话"常常会给你带来许多不必要的麻烦。与同事谈话时如何拿捏分寸，就成了人际沟通中不可忽视的一环。

首先，办公室不是互诉心事的最佳场所。

有许多爱说、性子直的人，喜欢向同事倾吐苦水。虽然这样的交谈富有人情味，能使你们之间的友情变得深厚，但研究调查指出，只有不到1%的人能够严守秘密。所以，当你的个人危机如失恋、婚外情等等发生时，你最好不要到处诉苦，不要把同事的"友善"和"友谊"混为一谈，以免成为办公室的注目焦点，也容易给老板造成问题员工的印象。

其次，办公室里最好不要辩论。

有些人在说话的态度上有"不自觉性"的坏习惯，比如喜欢争论，一定要胜过别人才肯罢休。假如你实在爱好并擅长辩论，那么建议你最好把此项才华留在办公室外去发挥。否则，即使你在口头上胜过对方，但其实是你损害了他的尊严。对方很可能从此记恨在心，说不定有一天他就会用某种方式还以颜色。

第三，不要成为"耳语"的散播者。

耳语，就是在别人背后说的话，是沟通不良的后果。只要是人多的地方，就会有闲言碎语。有时，你可能一不小心就成为"放话"的人；有时，你也可能是别人"攻击"的对象。这些耳语，比如领导喜欢谁、谁最吃得开、谁又有绯闻等等，就像噪声一样，影响别人的工作情绪。聪明的你要懂得，该说的就勇敢说，不该说的绝对不要乱说。

最后，当众炫耀只会招来妒恨。

有些人喜欢与人共享快乐，但涉及你工作上的讯息，譬如，即将争取到一位重要的客户，老板暗地里给你发了奖金等，最好不要拿出来炫耀。只怕你在得意忘形中，忘了某些人的眼睛早已发红。

《菜根谭》说："十语九中未必称奇，一语不中则怒尤并集；十谋九成未必归功，一谋不成则管议丛兴。君子所以宁默勿躁，宁拙勿巧。"这段话的意思是说：做人要谨言慎行。即使十句话你能说对九句，也未必有人称赞你。但是，假如你说错了一句话，就会立刻遭人指责。即使十次计谋你有九次成功，也未必得到奖赏。可是，其中只要有一次失败，埋怨和责难之声就会纷纷到来。所以，一个有修养的君子，为人宁肯保持沉默寡言的态度，不骄不躁，宁可显得笨拙一些，也绝对不自作聪明，喜形于色，溢于言表。

俗语道：害人之心不可有，防人之心不可无。在言辞上，也应如是。刚涉足职场的年轻人说话一定要谨慎。话一旦没有说对，就会使人际关系陷入僵局。有时，你以好心规劝别人，却不料惹恼别人，轻则伤和气，重则引火烧身。一个人有缺点、有错误，你不妨指出来，让他改正，但前提是你必须认定他能接受你的批评。不然，你说也是白说，还会结下仇怨。如果你还多言，可真是"咸吃萝卜淡操心"了。"誉我则喜，毁我则怒"，本是人之常情。聪明的人知道，别人可以毁誉加于我，但我不可以毁誉加于人。

在职场上，为人过于忠厚，不存戒心，把心里的话都掏出来，逢人便是知己，终会被小人利用。

有些话不可说

在职场上，并不是所有的话都可以说。如果你不小心说了，那你的形象就可能会大受影响。即使你以前有多么努力，说话技巧多么高超，也会因为这一句错误的话语而后悔不已。因此，在职场中与人打交道，一定要注意各种说话的禁忌。

第一，不可说他人之短。

世上没有十全十美的人，每个人都有他的短处。因此，在职场上与人说话时，要尽量避免谈论别人的短处。否则，你的形象和人际关系都会大打折扣。

你要明白，如果你贸然地将你所听到的别人的短处宣扬出去，不亚于颠倒是非。说出去的话，犹如泼出去的水，你是收不回来的。当你了解了事实的真相之后，你还能收得回来吗？

要是别人向你诉说某人的短处，你唯一的办法就是听了就算。就像别人告诉你的秘密一样，你要三缄其口，不可做传声筒，更不要将这种话记在心上。

不可以根据片面的观察就在背后批评别人，除非是善意的批评。说一个坏人的好处，别人听了最多认为你是无知；把一个好人说坏了，人们就会认为你居心不良。

在职场的谈话中，有百分之八十都是闲聊。这时，无论你聊什么话题都好，就是不要议论和诽谤别人。因为用别人不知道的秘密来抬高自己的身价，是令人最不能容忍的事。

第二，不可随便插嘴。

插嘴插舌是让人很讨厌的一种说话习惯。千万不要自作聪明，把其他人谈得正火热的话题打转了方向。不要成为一个没有学识而又装腔作势的人，并且，即使你对这个话题十分了解，也不要随便打断别人的谈话。

要记住，打断别人说话是一种最没有礼貌的行为。假如你的同事或上司正在津津有味地谈论一件事，而其他人也听得兴高采烈，你就不要插入一句："啊，我知道这件事，它是……"被你打断话的人，肯定不会对你有好感，并且其他的听众大概也不会对你有好感。

第三，说话不要绝对。

凡是你说的话，就是天经地义，一点儿也不能更改，一点儿考虑的余地也没有。如果你有这种习惯，还是趁早改掉的好。否则，在职场上会处处碰壁。

为了让别人有考虑的余地，你要尽可能地改变你的判断。你要把自己的判断限制一下，并说明这只是你个人的看法，或者只是你亲自感到或亲眼看到的事实，也许别人会有与你不尽相同的经验。

除了极少数的例子外，你最好避免用类似这样的语句来说明你的看法："绝对是这样的!""全部都是这样的!""总是这样的!"

你可以说"有些是这样的"、"有的时候是这样的"，甚至你可以说"多数人都是这样的"，这远比说"所有的人都是这样的"要好得多。

要尽量避免用一种教训的语气来讲话，也不要用一种非常肯定的语调来讲话。

第四，敏感话题碰不得。

聊天时，应该注意避开那些不合适的、不受欢迎的话题。不受欢迎、应该回避的代表性话题包括私人隐私、意识形态、身体缺陷等。

此外，我们都知道，人们对价值观的判断往往会随着时间的变化而改变，有些曾经被视为"敏感话题"的话题现在看来已稀松平常，而有些原本无所谓的话题却成了"烫手的山芋"，无人敢碰。

在对待敏感话题方面，反应一定要快。有人会想，以前谈及这一类话题都没问题，现在必定也一样。这种轻视态度非常要不得。在这方面，最典型的要属"什么时候结婚"、"家人还好吗"、"孩子怎么样"等家庭方面的话题。这种话题经常被人们提及。但是，当今社会的家庭状况已呈现多元化倾向，很多人过着单身贵族生活，不打算结婚。有些夫妇则因双方都是上班族，由于经济等各方面条件而暂时不想要孩子。更何况目前离婚人数剧增，而再婚人数也呈现上升的趋势。

当前，人们对于隐私权也越来越重视。在这样的社会背景下，如果询问对方有关生活部分的隐私，便很可能让对方陷入尴尬境地，谈也不是，不谈也不是。因此，在不甚了解对方家庭状况的情况下，不宜贸然提及。另外，也不要想当然地认为以前这样问都没问题。现在必定也没问题，要知道，现实生活的节奏及变化实在太快了。

第五，与人说话不可心不在焉。

与人说话千万别心不在焉。他告诉你一个他觉得很有趣的故事，你却把注意力分散到别的地方，像灵魂早已不知飞到哪里去了似的。这时，他一定觉得你没有礼貌而感到扫兴。

所以，你对别人的谈话要随时加以反应，有时点头，有时微笑，有时摇头。有时你可以说："是的，我是这样觉得的。"有时说："这一点我不大同意。"有时说："据我所知，这件事是这样的。"有时说"你说的这个问题，对我很有用处。"

即使你不想说话，也要在别人说话的时候予以响应，哪怕是点点头，微微一笑，也不要心不在焉而让人误会你根本不尊重对方。

以上说的各种禁忌，都是在谈话中被人所讨厌的。只要你不轻易涉足其间，你就会成为一个广受欢迎的人。

当然，我们都不可能在一夕之间就成为职场谈话的高手，要随着不同场合、对象和时机的变化而变化。在职场之中，你必须面对各种说话情境而不断学习，从中积累经验，以培养高超的说话艺术。

会说更要会听

在职场中，要想八面玲珑，不但要会说，还要会听。会说可能每个人都知道一点点，但对会听可能就不是那么了解。会听的人在认真倾听别的人谈话时，会经常用这样一些话来附和："噢，是那样啊……那可是个有趣的话题。"同时，适时提出一些相关的问题。和这种人交谈会使人热情高涨，交谈结束之后会有一种愉快的心情，因为他能认真地听你说你想要说的话题。

那么，怎样才能做到会听呢？其实不难，只要你做到以下几点就行：

第一点：话要听完

这是很重要的一点。无论你和同事谈的是日常工作内容或是委托你做事，谈话的主题都会在句末进行肯定或否定。因此，不把话听到最后，就不能知道对方的真正意思。

说话的方式因人而异，也许有的同事习惯说话先说结论，之后再叙述出这个结论的理由。就算是如此，你也不能听到结论就打断对方的话说："我知道了，那么……"因为即使对方的结论和自己的判断相同，事情的经过也可能不同。如果过程不同，一旦其他条件发生改变，你们的结论也会随之各异。

更多的人都会按照先说理由，再说结论的说话方式进行。如果你一心想快点儿听到结论而无心听理由，你会得罪很多人的。

因此，不管你的同事是先给结论后讲理由，还是先讲理由后给结论，你都要把话听到最后。而且不管是话的开头、中间还是结尾，你全都要认认真真地听。

第二点：不可随意推测

在与同事说话时，不要只听到一半就装出自己已经明白了的样子。另外，在不能真正明白对方想说什么的时候，不能不耐烦地打断对方说："你是不是想说这个……"

你一定也有过说话时不能把心里想的话很好地说出来的时候吧？所以，不要让你的同事也遭遇这种尴尬的情景。

就算有时候对方说话比较抽象，让你不知道他到底想要说些什么，你也不要随便推断、打断对方。耐心地听对方把话说完，是非常重要的。

第三点：听的态度要认真

在与同事说话时，要一边听一边点头或随声附和几句。要让对方看到你在认真地听他说话，这是"会听"的一个秘诀。

每个说话的人都是一边看着听者的表情，一边适时地改变话题或提高声音，想让听者理解自己的主张和看法。因此，如果表现出认真听的态度和言行，说话的人就会有一种安心的感觉。

此外，在听同事说话时，要尽量使自己眼睛的视线与对方的眼睛保持协调。若同事抬起头来看你，你也要抬起头看他。若他站起来走动说话，你的眼睛也要跟着他。

第四点：适当做好记录

当同事与你谈论工作上的事情时，尤其是你的前辈在向你交代工作时，你必须事先在桌子上或随身带个笔记本备用。因为当工作内容特别长或情况比较复杂时，如果只是听，你绝对不会详细地全部记住。尤其是在谈话内容中出现数字时，你更要及时记录下来。

把事情记录下来会使你避免重复发问，也为你自己的下一步工作做好准备。同时，也会给别人简洁、干练的办事印象。

做记录时，你应在"简明"、"迅速"上下工夫。因为是给你自己看的，所以没有必要工工整整、一字不差地记录。总之，只要根据具体的情况适当地做好记录就行。

第五点：听完批评再反驳

作为新人，很容易受到前辈或其他同事的批评。即使自己有错，我们在听到批评时也会不高兴，更何况有时自己也会无缘无故地受到其他人的批评。

然而，如果在接受批评时，马上反驳说"这又不是我的错"或"我知道错了，你说够了吧"，你们相互之间就很可能产生隔阂。特别是在前辈情绪比较激动时，自己绝不能也感情冲动。

首先，你要耐心地听完前辈对你的批评或牢骚。不管你到底有没有做错，听完之后你再把自己应该说的话说出来。

如果你不等前辈把话说完就马上反驳，他很可能会越发变本加厉地批评你。耐心地听完批评，结果就会好一些。

其次，反驳的时候如果能把自己怎样想的、怎样做的情况说出来，前辈或同事就会对这些情况做出客观的分析和评价，从而冷静地与你交谈。

第六点：不参与抱怨

几乎百分之百的上班族都会或多或少地抱怨公司的一些情况。而这些抱怨者多是抱怨自己的构想不被公司所采纳，但这种想法多是夸大了自己的能力和分量。真正有本事的人，是不会在背后抱怨的。

有时，你可能不得不听对方的抱怨。但你需要注意的是，遇到这种情况，千万不要参与抱怨，只要回答"嗯"或"喔，是吗"，就可以了。

如果你实在是无法忍受同事的抱怨，可以用一些小动作，而非语言，来停止对方令人厌恶的抱怨。

认真倾听别人的倾诉虽是细枝末节，但却体现了你谦逊的教养，能充分展现你的素质。任意打断别人的谈吐，既表现出你对别人不尊重，也暴露出你的素养不够高。因此，不论在职场，还是日常生活中，学会倾听是你人生的必修课。只有学会倾听，你才能去伪存真；只有学会倾听，你才能给人留下虚怀若谷的印象。

相互尊重的批评更有效

一个和谐的人际关系的基础是彼此之间互不伤害，这样做既能维持工作环境的稳定，也能提高工作效率。职场之中，有职位、资历、年龄的差异。但在与别人相处时，更应该学会尊重别人，尽量减少对别人的伤害。尊重别人最忌讳对人冷嘲热讽，落井下石、幸灾乐祸不仅不能证明自己的聪明，反而暴露了自己是一个气度狭窄、自大又无能的人。贬低别人并不等于抬高自己，真正受人尊敬的人，懂得认识每一个人的价值，不会毁坏他人的名誉，而这种自重重人的态度，更是对自己有信心的表现。

职场中的批评也应该建立在相互尊重的基础之上。一个人必须尊重别人，才能受到其他人的尊重。你尊重对方，对方才会尊重你。不少初入职场的人常自以为有见解，自以为有口才，逮到机会就大发宏论，把别人批评得脸一阵红一阵白，他自己则大呼痛快。其实，这种举动正是在为自己的祸端铺路，总有一天会吃到苦头。职场是社会的缩影，由于利益冲突，显得更为复杂，竞争更为激烈。但是，无论怎样竞争，都不应当失去对人起码的尊重。在发表批评意见时，贬低别人的自尊与人格是缺乏涵养的表现，也是以自我中心的表现，更是对他人不尊重、不理解的表现。这样做，只会使得对方因维护自己的面子和尊严而拒绝你的批评意见。因为心理学告诉我们：自尊是个人自我认定的核心。不认清这一点，就不能发表积极的批评意见，也不能与当事人建立有效的情投意合的关系。事实上，人只有先尊重别人，才能使得别人尊重自己的批评意见。切忌对人进行人身攻击，它只会使对方的注意力转移到其自尊的维护上，更谈不上接受你的批评了。

一个聪明的职业人，应当在维护他人的面子和尊严的前提下，巧妙地暗示对方注意自己的错误，让他人明白自身的不足和缺点。一个聪明的职业人能够原谅别人的过失。他们会坚持说别人的本意是好的或者只是一时不小心才犯下错误，而且还要尽量寻找自身的原因。这样做，不但会避免不必要的争执，不会惹上麻烦，而且可以使对方感染于你的宽宏大度，承认他的错误并立即改正。

要记得，他人如果知道错误了，我们不能在伤口上撒盐。给他留下自尊，他就铭记于心，并有可能在将来某个时刻助你一臂之力。

说善意的假话有"分寸"

世界上没有一个人能保证自己说出来的都是真话。有时候，人会说一些善意的假话。但是，说善意的假话也要有分寸。常见的善意的假话有以下几种类型：

1. 讨好型的假话

此款式最为常见，也极其流行。例如，"今天你穿得真有个性"，

"好久不见，你看上去还是那么年轻"，"我总想着过来拜访你，可就是抽不出时间"。用虚假的溢美之词去称赞人，"你愈来愈年轻"，"你苗条了很多"等等。虽然心里面不是这样想，但为了讨好，一有机会就不失时机地讲些口不对心的话。这些"讨好型"的白色谎言飘荡在职场的每一个角落，挥之不去，已经与我们的生活融为一体。每个撒谎者都试图以此取悦别人，从而换取别人的好感和回报。这年头，15 至 50 岁的体健貌端女性都可称之为"美女"，廉价的赞美越来越没人当真。但是，大家还是心照不宣地赞美着。

2. 自保型的假话

譬如爽约，明明因贪玩而忘记时间，偏要说是路上堵车。撒谎者一是为了逃避责任，二是为了避免激怒受害者，三是顺嘴撒谎成习惯了，想改都改不了。遇到紧急情况，明哲保身为上。这类白色谎言，虽然让说者和听者都避免了尴尬局面，却很可能伤害到无辜的第三方。职场上自保型的白色谎言最容易伤及无辜。比如，某项工作出了纰漏，为了自保，总说谁没有交代清楚，谁又没有按照说的办等。

3. 同情型的假话

关键语句为"其实你很棒"、"我们都看得见你的努力"、"一切都会好起来的"、"其实你一直为单位着想"，通常用于安慰情绪不佳或表现糟糕的同事和朋友。这款不限量，随便使用。有的同事感觉英雄无用武之地，得不到重用，管他是不是真心英雄，说些善意谎言宽宽心，未尝不可。比如一个人评职称落榜，周围很多同事会说：你条件早就合格了，有一个指标就应该是你的。这些谎言非常须耳，照单全收了，心情也会好一些。

4. 包庇型的假话

在一个单位，谁都有亲近者，谁都有趣味相投者，部门内都有关系较好的同事。单位领导查岗，部门的头目一般都会为不在岗的部下找到合适的理由，开脱罪责。比如，说某某请假了，某某的同学有急事，一会儿就回来，某某给孩子开家长会了，某某感冒去医院拿药了等等，冠冕堂皇。

5. 炫耀型的假话

此类型的说话目的在于显示自己的权势和地位，透漏自己的生活水平和个人修养等。职场要应酬，本来没有怎么喝酒，他会说几天连续喝酒，昨天又喝高了的话，让人体味他的重要和好人缘；他的不起眼的小学同学，他能说成同桌，且手握重权，什么什么工程他能争取等，拉大旗作虎皮。此类谎言俗称吹牛，目的就是为了牢固树立自己的地位，靠炫耀拉人气和增升关注度。

某贸易公司的员工经常接到客户的催货电话，最常用的应对方法是："货已经在路上了!"如果客户不信，要求查看发货清单，他们就会说："会计回家生孩子去了。"有一次，客户气急败坏地说："前几个月你们就跟我说会计回家生孩子去了!请问她到底是难产还是怎么着?"该员工情急之中说："呃，呃，那个，会计她已经生完了，在家坐月子呢……"

这样的谎言，显然不止出于上面五个目的了，更有恶意隐瞒的嫌疑。商场胜情场，谁会全心全意相信对方呢?一时保全并不等于长治久安。如果你想在职场上稳扎稳打，塑造个人品牌，那最好别滥用白色谎言。

与其违心讨好别人，不如费心装点自己。对于"白色谎言"，区别对待之。倘若情势所迫必须自保，可在不伤害第三方的前提下为之。倘若撒谎或不撒谎都不会改变结果，那宁可不撒谎，还能落个诚恳老实坦白从宽的好名声。

我们在用这些谎言拒绝朋友时，一定要记住，这只是一时的权宜之计，而不是长久的办法。谎话说多了，朋友迟早会察觉得出来，对于朋友还是实话实说的好。

选择合适的时机提意见

广告公司职员张燕的领导叫周涛，周涛没有学过广告专业。很多时候，对于张燕的创意，周涛都持保留态度，既不反对，也不支持。一个创意在不知不觉中拖了一个月，张燕也得不到明确的答复。

这让张燕非常头疼，她总是揣着自己的创意实现不了，但还要处理周涛分配下来的琐碎工作，这让张燕开始了抱怨。在跟同事聊天中，不知怎的就聊起了工作，张燕不由感慨地说："工作的感觉糟糕极了，领导在这个领域里并不专业。所以，很多方案都被拖着得不到实施。"

张燕没有想到，这句话终于被周涛知道了，她非常郁闷。一方面，她不想失去这份工作，因为自己没有实现价值，再跳槽也没有底气；另一方面，她早听说周涛不是一个大度的人，她一定会"报复"自己。

张燕矛盾而且无助，每天如坐针毡。她找到了自己的心理咨询师朋友聊天，这位朋友给了她一个绝妙的主意，让她的整个职业生涯都发生了变化。

朋友给她的建议是，虽然有了抱怨就要发泄出来，不能硬撑着，但切不可再和同事讨论。不如把自己在工作中产生的所有问题和抱怨都像日记一样记录下来，这样一来，有了书面的整理，自己的思维方式就会变得非常清晰，工作也就不再麻木了。而且，这样的疏导，也不会让委屈和抱怨积压在心里，演变为心理问题。

更绝的是，这个日记本就是牵制周涛的法宝。当然，周涛未必知道张燕把一切都记录在案。但在张燕的心里，这些记录形成了良好的心理保障。如果有一天，周涛突然"报复"自己，说张燕说的一切都是子虚乌有，那么所有的工作记录就可以证实自己的清白。

终于有一天，不知道什么原因，一切都如意料中的那样发生了。当辞退的消息传来的时候，张燕没有愤怒，她只是拿着自己的工作记录，平静地敲开了老板办公室的门。形势在一瞬间发生了逆转，张燕得到了自己想要的一切！

对工作中存在不满很正常，如果你是一位老板，对抱怨的员工，你该懂得理解与包容。听一听底层员工的抱怨，这最能暴露出管理中的问题。如果你是一个员工，那么你不正当的抱怨方式可能让你被炒鱿鱼。正确的做法是，迎合领导的心理。要知道，没有一个领导不喜欢有实际绩效的人。你可以先克制自己，在工作中先干出成绩来，再选择合适的时机提出建设性的意见。这样一来，你的抱怨也会帮助你成为功臣。

和上级沟通要注意表达的方式

在公司一定要特别注意的是和领导之间的对话。和领导说话，一定要非常谨慎，无论本意是好是坏，因为领导不会去分析你的本意，他们会从你的语言中捕捉你的内心。

宋连瑞在进入企业不到一年的时间，就成为主力干将，他在公司的发展前景是部门里最大的。公司里的周总也非常看重他。

有一天，周总把宋连瑞叫了过去："连瑞，你来公司也快两年了。这两年里，我也带你做了不少的项目推广。现在，公司开展一个新项目，就在河北。我没有时间安排了，就全权交给你负责吧！"

听到领导的安排，宋连瑞欣欣鼓舞。公司的位置在北京，他决定好好组织一次，带大家一起去河北做项目推广。经过周密的考虑，宋连瑞意识到一行好几个人，坐公交车不方便，人也受累，会影响同事们的精神状态；打车一辆坐不下，两辆费用又太高；还是包一辆车好，经济又实惠。

宋连瑞却没有直接去办理。职场的经验和敏锐的观察力让他懂得，遇事向上级汇报是绝对必要的。于是，宋连瑞来到经理办公室，向周总汇报自己的安排。他说："周总，您看，我们今天要出去，这是我做的工作计划。"宋连瑞把几种方案的利弊分析了一番，周总频频点头，表示同意。接着，宋连瑞说："我决定包一辆车去！"

说完，宋连瑞发现，周总的表情在瞬间发生了变化。他突然开始很严肃地说："包车的费用还是比较高的，我看你们还是买票坐长途车去吧！"宋连瑞愣住了，他万万没想到，一个如此合情合理的建议竟然被周总拒绝了。

宋连瑞大感不解，因为周总从来没有在这样的小事上和员工计较过。况且对于推广这样重大的事情来说，区区包车费更是九牛一毛。思前想后，宋连瑞终于知道问题出在哪里了，就在那一句"我决定包一辆车"这句自作主张的话上。

在领导面前，说"我决定"是最令领导反感的。领导才是最高决策者，无论事情的大小都有必要听取他的建议，即使有的事情只是一些零星的小事。通过这件事，宋连瑞又成长了一步。

后来在工作中，宋连瑞请示周总的时候，更加谦虚谨慎。当周总问他意见时，他也会很谦虚地说："这个问题，我有个不完善的意见，是……您看可以吗？"

两个月后，周总很放心地交给宋连瑞一个部门，因为他相信这个年轻人谨慎细心，可以独当一面了！

人在职场中，不可能不说话，一个冷漠的、沉默寡言的人同样让人感觉枯燥无趣。但更重要的是，说话的时候，要注意别人的心理，讲究技巧，应视场合、对象，注意表达方式。

读懂上司的肢体语言

下属通常会留意上司的小动作，并企图从小动作中得到某些启示。回想一下，下面所说到的上司身体语势你都看到过吗？他究竟在传达一种什么内容呢？

1. 上司说话时不抬头，不看人。这是一种不良的征兆，轻视下属，认为此人无能。

2. 上司从上往下看人。这是一种优越感的表现，好支配人、高傲自负。

3. 上司久久地盯住下属看，说明他在等待更多的信息，他对下级的印象尚不完整。

4. 上司友好而坦率地看着下属，或有时对下属眨眨眼，说明下属很有能力、讨他喜欢，甚至出现错误也可以得到他的原谅。

5. 上司的目光锐利，表情不变，似利剑要把下属戳穿。这是一种权力、冷漠无情和优越感的显示，同时也在向下属示意：你别想欺骗我，我能看透你的心思。

6. 上司偶尔往上扫一眼，与下属的目光相遇后又向下看。如果多次这样做，可以肯定上司对这位下属还吃不准。

7. 上司向室内凝视着，不时微微点头。这是非常糟糕的信号，它表示上司要下属完全服从他，不管下属们说什么、想什么，他一概不予理会。

8. 双手合掌，从上往下压，身体起平衡作用，表示和缓、平静。

9. 双手叉腰，肘弯向外撑，这是好发命令者的一种传统人体语言，往往是在碰到具体的权力问题时所做的姿势。

10. 上司坐在椅子上，将身体往后靠，双手放到脑后，双肘向外撑开。这固然说明他此时很轻松，但很可能也是自负的意思。

11. 食指伸出指向对方，这是一种明显的优越感和好斗心。

12. 双手放在身后互握，也是一种优越感的表现。

13. 上司拍拍下属的肩膀是对下属的承认和赏识，但只有从侧面拍才表示真正承认和赏识。如果从正面或上面拍，则表示小看下属或显示权力。

14. 手指并拢，双手构成金字塔形状，指尖对着前方，表示一定要驳回对方的示意。

15. 把手捏成拳头，意味着不仅要吓唬别人，也表示要维护自己的观点。倘用拳头敲桌子，那干脆就是不让人说话。

第三章　与同事和谐相处的职场智慧

呈现真实的自己

人际关系在职场中非常重要，谁也不想成为一个不受欢迎的人，但一味迁就、讨好别人也不是办法，关键是要了解人的心理。初入职场，可能很多都不懂。不懂的都可以问，但不要给别人留下"装"的感觉。否则，会给以后带来不必要的麻烦。

大学毕业后，张燕很幸运地被一家大型企业录用。作为刚毕业、没有任何工作经验的她来说，她对工资待遇没有任何要求。所以，对于第一份工作，她表现出了强烈的热情。

上班第一天，漂亮的张燕就给大家留下了深刻而良好的第一印象。为了珍惜这份工作，她每天全包了办公室的杂活：打水、扫地、擦电脑桌。同事们有什么要求她做的事情，张燕总是放下自己手头的活，帮大家处理得稳妥得当。不久，所有人提起张燕，没有不说她好的。

可是，时间一长，繁琐的工作细节让张燕有点吃不消了。有时候，自己正忙着还要给同事处理事情，自己的工作有时候就出现了错误，又因为她给同事们留下的印象非常好，她更加紧张自己的失误，更加进入不了放松的工作状态。于是，形成了恶性循环，工作越来越不出成果。

领导对张燕也开始有了意见，觉得她虽然长得非常漂亮，但缺少内涵。于是，她的美丽也成为一种轻浮，而且加上张燕给同事们做的服务太多了，领导又觉得她做事情不但不稳重，还总是想走捷径，不好好工作，反而把时间和精力放在"搞关系"上，不能正确地对待自己的本职工作。领导对她的意见越来越大，后来就直接批评了她。

这对张燕的打击就更大了。后来，她索性采取了相反的行动，有同事再找她帮忙的时候，她就冷冰冰地拒绝了，地也不扫了，水也不打了。终于有一天，有个同事小张让张燕帮忙打印一份文件。遭到拒绝后，小张开玩笑地说了一句："张燕，你可真变了，漂亮女孩本来就骄傲，你刚来的时候，对我们那么好，当时就有人说你是装的，我还不信呢。"

听了这话，张燕真的想痛哭一场。她觉得职场充满了困惑和痛苦，竞争是那么残酷无情，就连以往建立的良好人际关系都经不起一丁点儿波折，一切令她无所适从。巨大的落差让张燕顿时失去了信心，甚至对职业生涯产生了放弃的念头。

如果你是刚入职场的青年人，你一定要注意，无论最初这份工作令你多么开心，你都要放稳自己的心态，一定要有平常心，告诉自己一切只是刚刚开始。要知道，作为一个年轻人，领导很容易认为你的热情和激情都不缺，但最担心的就是年轻的弊端，那就是没有长性。所以，你可以恰好表现出另一面，以稳重和谨慎的做事风格，以长期的始终如一的表现，赢得领导的肯定。

除此之外，在和同事交往的过程中，也要懂得别人的心理，不必苛求自己呈现给别人的形象多么完美，以免别人对你的"期望越大，要求越高"。可以把真实的自己呈现出来，将自己的缺点公开出来，这样也会得到别人的信任。一般人都是想方设法去掩饰自己的缺点，如果有人有意暴露自己的缺点，大家就会觉得这个人很诚实，从而产生信任感。

重视团队的力量

在社会中，我们每个人都不能脱离团队与对手单打独斗。要看到团队其他成员的存在，学会依靠大家、依靠集体。对于当今社会的激烈竞争来说，这一点更为重要。随着知识经济时代的到来，各种知识、技术不断推陈出新，市场需求越来越多样化。没有人能够穷尽企业发展的各项技能和知识，即使在自己熟悉的领域，也难以做到靠一己之力，全面实现工作目标。在更多的情况下，个人能力已很难完全处理各种错综复杂的信息并采取切实有效的行动。

所以，这就要求组织成员之间进一步相互依赖、相互关联、共同合作，建立和谐的团队模式。例如，在办公室中，对同一个项目进行研究的一群人，就能集中起来对不常见的问题提出创新的解决方法。对于没有解决的问题，团队内广泛的技能和广阔的知识面与个人的才能和知识面相比，更加具有绝对的优势。

作为个体，为了自身与团队的发展，就不能和团队对抗，因为对抗产生对抗，只有包容才能产生包容。只有当你说我们是最棒的时候，别人才会说，你才是最棒的！

在一家大型的外贸公司中，领导将李相、张昭和何辉分到一组，让他们对外负责谈下一个项目。

很显然，在这个项目小组里，李相和何辉都是骨干。张昭基本上是一个跟从大家工作与学习的小角色，虽然业务能力和谈判经验都不足，但英文还是非常出色的。

他们三个人到了外地，进行了一场艰难的谈判。为了谈价格，他们制订了很多方案。当然，张昭通常就是听李相和何辉的争论。他们二人都有着丰富的谈判经验，各自有一套见解和看法。有时候，他俩常常为一个问题、一句话争论得面红耳赤。

后来，正式谈判开始，李相发现当自己开始实施自己的方案时，何辉虽然意见相左，但还是能够积极给予支持与配合。于是一致对外，谈判的进展还是非常顺利的。

对方当然不甘心被李相等人牵着鼻子走，于是在最后关头，他们又调整了思路，要求李相所在的公司满足他们的优惠条件，而且，限期三天之内，一定要给予答复。这个突然的变化让李相、何辉和张昭陷入矛盾之中。

究竟应该怎么办，他们打电话请示领导。可是，领导的回复也非常简单，那就是他们三个人已经成为一个团队了，出现问题的时候，不应该寻找外援，应该积极根据情况拟订方案，马上实施。因为无论领导有多大的能力，毕竟不在谈判现场，根本就不了解具体的情况。

李相只能和何辉、张昭商讨对策。对于这个限期，李相认为这不过是对方在最后时刻的"困兽一搏"。他对何辉说："想一想，如果我们三天之内不答应他们的条件，他们也不可能在三天内寻找到新的谈得比较成熟的合作方。我们如果答应了，就会有大量的资金白白浪费掉。"

何辉并不这样看，他认为对方只给了三天的时间，要求在三天内决定，就应该先从各种不同的角度来检查对方的提议。可以在期限截止前，尽早向对方提出缓和的做法。可能的话，还可以依照对方的意愿，再重新订立一个期限。这么做，就可以免于成为所设定的期限下的牺牲品。

可是，李相并没有按照何辉的方案执行。他果断地向对方表明态度，谈判只能按照原来的条件实施。令人惊喜的是，对方果然按照李相的条件签约了。

谈判非常成功，回到公司之后，三个人受到了嘉奖，而且得到了一笔丰厚的奖金。李相打听到张昭和何辉的奖金和自己一样多，非常不满意。领导就对他说："虽然谈判按照你的方案成功了，但对于一个团队来说，三个人的功劳是平等的。张昭负责了你们三个人的全部行程安排，而且在你和何辉两个人之间打圆场，弥合裂痕。而何辉最后想的方案也是非常稳妥的，给你提供了另外一种思路。所以，奖金的分配是合理的。"

很多人误以为，职场是个人利益的争斗场所，"团队"只是做戏。其实，团队组建的必要性应该引起每个人的重视。举个例子来说，即使在团队中有人缺少经验，但他任劳任怨，没有人有权利可以蔑视他的辛勤劳动，况且，一个人即使有天大的本事，也不可能自己把所有的事情都包下来。只有在团队中保持谦虚的心态，才能真正和团队一起做第一。

性格不同区别对待

你在职场中所接触到的人，必然会有与你合得来的，也有和你合不来的。性格合得来也好，合不来也好；你喜欢也好，讨厌也罢，你都必须与其他同事齐心协力工作。你必须积极主动地努力适应职场中各种性格的人，这样你的工作才可能顺利进行。如果你认识到了这一点，就应想办法与各种不同性格的同事和睦相处。那么，你怎样做才能轻松愉悦地与他们相处呢？

首先要认清不同人的性格类型，再根据性格类型采取与之相应的交往方法和原则。比如，对于那些心思比较细，注重礼节的同事，你也同样要注重礼节和细节。如果你采取无所顾忌和粗鲁的方法与之谈话和做事，你就不可能与他们建立起和谐融洽的人际关系。相反，对于那些不拘小节的人，你过分注重细节小心谨慎地应对，对方会很厌烦，自然也不会建立起良好的人际关系。

其次要改变自己的态度。为了与人建立起和谐的人际关系，尤其是那些与自己性格合不来的人，你平时多用心、多留心是非常必要的。很多时候，当你试着改变一下自己的思维，改变一下自己的观点或态度，你与对方的关系就会有极大的转变。

因此，当你新进公司觉得某位同事不好应付，很棘手时，千万不要让这个阶段迅速发展成为个人感情的好恶阶段。这是非常重要的时刻，因为一旦发展到讨厌的阶段，再想变成喜欢是相当困难的。

即使认为是性格不合的类型，你也绝不能陷入讨厌对方的情感之中去。只有保持中立与冷静的态度，才是上上之策，才能真正实现与对方和谐相处。

在你与那些不好应付的同事谈话时，你不能表现出厌烦和畏惧的神态，而是应始终保持开朗、热情的语气，这样他们也会对你表示尊敬。

第三，要多与他人沟通。无论是谁，都是从觉得与对方合不来的那一刻开始，进而不知不觉地回避与对方交往的。这样一来，彼此之间的关系永远也得不到好转。

越是与某位同事合不来，你就越要增加与他交流、沟通的次数，越需要主动了解对方。这样做，可以增进彼此的了解，掌握对方的性格与个性，消除误会与偏见，进而才能相互信任和理解，最终达到消除隔阂的目的。

第四，不要随便持疑。你要养成一种习惯，不能从对方的言语表面或者对方的表情、态度、动作等非语言的部分妄加推测对方的意图。换句话说，也就是不要在人际关系上疑神疑鬼，这一点非常重要。因为公司中有些人不善于表达情感，属于情感内敛型，他们往往容易遭人误解。通过多接触、多沟通和多交流，你很可能会发现自己对其有许多误解，彼此之间的关系也很可能因此得以好转。

总之，要多与人交流和沟通，主动地与对方友好相处，你就能在职场中轻松愉快地与人相处。

要让别人说你行

有句流行的话，那就是"说你行，你就行，不行也行；说你不行，你就不行，行也不行"。在工作中，没有一个人是单枪匹马就能做好工作的，一个项目的开展是需要多方面的因素促成的。很难想象，没有上级和周围人的支持，一个人可以创造巨大的价值。这时，就会出现这样一个现象，那就是，当周围人都说不行的时候，这个人会发现自己真的"不行"了，因为大家的怀疑能够动摇你的信心，而且他人行动上的不支持也会增添巨大的阻力。

怎么样才能让别人说你行呢？其实，那些被人评价不行的人，是因为自己先给别人传递出"我不行"的信号！一个人想让自己成为什么样的人，必须先从"表演"开始。当你的"表演"达到了自然的境界，你前方的风景就会迥然不同。

刘柳在一家非常不错的公司上班，她的同事学历都比她高。刚入职的时候，同事们谈论什么事情，她经常说自己不懂。有人就非常夸张地说："天呀，你连这都没听说呀，真难以相信。"每当这个时候，她就感到很自卑。

刘柳很想改变这种状况，她知道自己自卑的心理会阻碍她在工作中的发挥，但没有办法，她只能硬着头皮"装"。她决心把自己表演成一个自信的女性。

从全套的"职场丽人"的装扮，到行为细节的纠正，刘柳让自己一定表现出自信的、积极的气质，她不再心虚地和别人说话，她声音爽朗干脆，而且不懂的事情，她会马上去网上查出来。以前她对时政知识非常匮乏，她就给自己订了三份报纸，定期看报纸，装作很关注国家大事。重要的是她也能强迫自己，把订的报纸一字不剩地看完。大家讨论的时候，她也能够发表自己的观点。遇到公司开会，领导征集大家意见的时候，不管别人怎么样，刘柳都积极思考，然后强迫自己发言。

短短的两个月过去了，刘柳感觉周围的氛围发生了变化，再没有哪一个同事敢轻易地嘲笑她。大家觉得她是一个非常自信的人，因为她给大家建立的形象就是这样的，也没有人质疑她学历低、没有头脑。相反，大家一致认为，刘柳虽然学历低，但能和大家共事，更加证明刘柳必有"过人之处"。

又过了半年，一个激动人心的事情发生了，刘柳升职了！对此，她内心是不自信的，但她还是装作胸有成竹的样子，出现在大家面前。果然，没有任何人提出异议，领导对她升职的总结是：她积极自信的工作态度，将会带动和影响他人，给公司创造更好的业绩。

不想让负面的评价出现，就要注意，不要让别人把自己看成透明人。重要的一条就是不要轻易对同事暴露自己的不足。职场是竞争的关系，很少有人会因为你的不足，去帮你弥补、改正。那么，暴露自己又有什么意义呢？相反，当你的缺点暴露得多了，别人在心中对你的评价也变得非常低了。

这就形成了一种恶性循环，那就是，有的人你非常相信他，什么都对他说，但当你工作的时候，并未得到他的支持，反而第一个反对自己的人就是他。是他坏吗？坦白说，不是你想象的那样，真的。

如果你的同事在你面前充分地暴露出他的缺点，例如他不自信，他没有冷静的性格，那么，当他要进行一个决策的时候，你也难免第一个提出质疑。所以，请记住这样一句话，不自信怎么办，先从装成自信的样子开始。然后，也一定要记住的是，对于自身存在的不足，还要有自信去弥补，没有人生下来就是什么都会的。只要你做出计划，向着心中的目标努力，你想要的就会真正到来！

相信自己才不会被算计

在职场中，人们常说要多听别人的意见，但一定要注意一点：多听，更要多想，不能轻易相信别人的评论。只有相信自己，才不会被别人算计。

贾京华4年前自某著名大学毕业后，就到了一家公司从事技术工作，刚开始时的工资是2000元；3个月后，凭借着良好的技术能力，他的工资增加到5000元。贾京华在一个偶然机会下认识了王总。

王总非常看重贾京华的技术能力，而且贾京华的年龄也非常有优势。于是，王总就以月薪6000元为条件，将贾京华挖到了自己公司，安排到了主管李震的部门。

贾京华一来到李震的部门，就受到了热烈欢迎。贾京华也在工作中表现出了出色的能力，因为良好的技术能力，同事们也非常佩服他。

可是，拿到第一个月工资的时候，贾京华非常吃惊。他发现，自己工资卡上的工资只有 3000 元。他以为发错了工资，马上联系了单位的人事部。人事部的人对他说，这是部门领导的意思。

于是，贾京华找到了李震。李震看到了贾京华一脸的怒容，就马上安抚他说："王总没有对你讲公司有试用期吗？员工工资要根据试用期的情况来考核，很多人的离职都是不能接受试用期造成的。的确，对于成熟的员工来说，这一点是不合理的。但是，公司的情况就是如此，试用期长短不一……"

听了李震的话，贾京华有一种被欺骗的感觉，尤其对于长期从事技术工作的他而言，大脑更是"一根筋"。李震又大吐苦水，说起公司的一些制度要求很严格，经常有员工来找自己申诉，可他也是爱莫能助。

听完种种，贾京华立即就给李震打了招呼要离职，也没有等待王总的批示，就怒气冲冲地离开了公司。

贾京华走了之后，李震就找到王总汇报情况。他说："贾京华不能接受公司有试用期的规定，上班第一天，我就告诉他有试用期。但是，他还是认为自己发工资的时候可以拿到 6000 元。所以，这次工资一发下来，他给我发了个短信，就离职了。"

王总听完，也只是叹了口气。待李震离开之后，王总对自己的助理说："可惜呀，贾京华这个年轻人，我们给他内定的试用期非常短，只有第一个月是试用期。但是，他连这都不能等。我并没有把他当技术人员看待，我是想将来把他培养成主管的。"

助理问："那李主管呢？"

王总说："能者上，庸者下。我原本认为他到了部门之后，有技术优势，再慢慢熟悉李震的工作，就可以轻而易举地取代只懂一点技术皮毛的李震。"

此时的李震，在贾京华离职后，迈着轻松的步伐，回到座位，露出了胜利者的笑容！

犹太人为什么能在商场中纵横捭阖？很重要的一个原因就是犹太商人在商务活动中不为感性所控制，不轻信别人。他们只相信根据客观事实作出的判断，从而能在生意场上纵横捭阖。

对于个人来说，如果有的同事在你面前诋毁公司，或者说另外的同事的坏话，或者……你是积极配合，还是怒目而视？其实，在这个问题上，最应该保持的态度就是不要轻信。

无论对方说什么，都应该用自己的大脑思考一下，判断别人语言的真实性，不要让自己的心理被别人所操纵，最重要的一个根据就是判断说话人的目的和辨析眼前的客观事实。

当发现对方别有用心地欺骗你的时候，不必与他力争，更不必怒目而视，因为职场中的人，个个都是演员，对方一定会用无辜的表情作为回答。所以，最应该做的就是默默地做好自己的事，不轻易被人鼓动，相信自己的判断。只有这样，才不会被算计！

别抢不属于你的位置

一名称职的教授在本职工作上非常出色，他就认为自己可以晋升到大学校长的位子。可事实是，当他到了理想的职位后才发现自己根本无法胜任。职场中，这种现象尤其多。每个人都想往上爬，争夺更高的权力。高职位就像骨头，当上级留下一块骨头的时候，人们就忘记了自己的能力，忘记了反思这块骨头究竟自己能不能啃得动而拼得你死我活。抢到骨头的发现，原来并没有想象中那么好吃。

但再来一块骨头，人们还是会不要命地去抢。没抢到就心生怨恨，虎视眈眈地盯着抢到骨头的，陷入永无休止的争斗。世界上每一种工作，都会碰到无法胜任的人。总会有能力不足的人被调到一个不胜任的职务上，他会在这个位子上原地踏步，把工作搞得一塌糊涂。对于组织而言，一旦组织中的相当一部分人员被推到了其不称职的级别，就会造成组织的人浮于事。效率低下，导致平庸者占据了不赢的位置，导致组织发展停滞的恶劣后果。

梅红军和李国庆是非常被领导器重的两个人，而且他们的关系也不错。

年终，公司搞推广策划评比，每个人都可以做出 PPT 展示自己的成果。胜出的人不但会有优厚的年终奖，而且领导还会给一个意外的惊喜。

梅红军非常积极，为了一个创意，他常常深思熟虑，对细节的把握已经做到了极致，他满心欢喜地准备好了所要展示的 PPT。

李国庆并没有重视这次的推广策划方案，而且，他也不擅长去做市场调研。他知道，对于公司那些严谨的领导来说，没有精确的数据，再好的设计也缺少说服力。最让他郁闷的是，居然在最后一天，他才知道，由于部门领导在工作上的欠缺，大领导的神秘惊喜是，评比第一名的人，可以代理该部门的领导者。

怎么办？怎样拿到那笔做策划的数据呢？在方案征集截止日的最后一天，李国庆突然叹了一口气说："红军，这个推广怎么做呀，让我一时半会儿去想，还真的没有什么好的创意。我做了一个 PPT，你帮提提意见，我好修改一下。"

梅红军连想都没想就答应了。李国庆做得太一般了，没有什么创意，梅红军就只能和李国庆说说字体颜色等小细节的问题。说的时候，李国庆很谦虚地听着。听完了，就很随意地对梅红军说："让我也看看你的方案吧。"

这可让梅红军踌躇了，但因为李国庆的态度非常诚恳，而且一想到明天就要开大会了，李国庆想改也来不及了。

第二天开会，李国庆因为资历老，按次序先发言，李国庆的PPT所用的推广创意居然和梅红军的一样。在讲解时，李国庆对老板说："数据的那部分PPT存在另一个电脑，电脑发生了故障，我不能够提供精确的数据，就提供一个简单的情况吧。"

接着，李国庆就将梅红军研究的数据结果当众分析了出来。梅红军听得目瞪口呆，他没想到李国庆会抢自己的功劳。他不敢把自己的方案交上去，也不敢申诉，只好弃权。后来，李国庆的方案获得老板的认可，终于可以代理处理部门的事务了。

坦白来讲，李国庆偷了梅红军的创意，而且抢了不属于自己的骨头。终于有一天，他出事了。由于推广不是他自己的，虽说他知道数据的增长趋势，但具体数据还是没有查清楚，在执行方案时出现了漏洞，又无法及时修正，结果方案还是失败了。后来，领导得知这个方案不是他自己做的，而且出了重大的工作事故，就找了个借口将李国庆边缘化了。

职场中永不停息的是向上爬，或者是把别人拉下马，踩着别人再往上爬。对个人而言，虽然我们每个人都期待着不停地升职，但不要将往上爬作为自己工作的唯一动力。与其在一个无法完全胜任的岗位上勉力支撑、无所适从，还不如找一个游刃有余的岗位好好发挥自己的专长。

不是你的功劳，你就不要去抢，不管别人知道也好，不知道也好，抢别人的功劳总不是成功的捷径。世上没有不透风的墙，一旦你抢别人功劳的事情被人发现，你将会无脸见人，不仅被抢者会成为你的敌人，而且更会影响所有人对你的看法。只有自己亲手创造的功劳才是自己的财富，别人的东西终归是别人的。要想真金不怕火炼，在职场中获得真正的认可，就要凭自己的真本事去创造，投机取巧的做法终究会害人害己。因此，不要去做夺取他人功劳而又自毁前程的傻事。

身在职场，不抢功、不夺功，这样的人不仅人际关系好，而且会永远立于不败之地。

学会用"不"字的艺术

在工作中，在与同事的相处中还会有互相竞争的成分，恰当使用接受与拒绝的态度相当重要。不要因软弱而主动放弃自己的权利，一个只会拒绝别人的人，自然会招致大家的排斥。同样，一个只会向别人妥协的人不但自己受了委屈，而且还会被认为是老好人、能力低、不堪大任，且容易被人利用。虽然你是一个职场新人，你也要学会用"不"字的艺术。只要你用对了方式，同事们就会觉得你是一个有原则的人，会更加尊重你。

习华和童飞才来公司一年，都已经被列入升职名单。习华是部门里公认的老好人。他为人非常随和，不但同部门的人有困难，即使是其他部门的同事有需要帮忙的时候，习华都会尽自己的能力去帮助。他甚至能和门卫、保洁人员唠家常。习华的兴趣也非常广泛，公司组织的各项文体活动，只要习华出场，立马掌声雷动。

童飞的能力是非常强的，由于胜人一筹的业务能力，他深得领导和同事的好评，大家总喜欢接近他，通过与他交流业务上的问题，得到收获。就连领导开会讨论问题，也会让部门经理与主管带上童飞一起讨论。

由于主管离职，需要选择新的主管。大家觉得，还是给童飞投票比较好，因为童飞具备领导的气质。

可是，一个偶然的原因，发生了一件事情。部门的一个小姑娘谈了一笔大业务，在要签约的时候，其他部门的一个同事听到消息临时出动，想抢这个大单。对于总经理来说，反正业务都是本公司的，所以"睁只眼，闭只眼"，并不出面表态。马上就要签约了，究竟由谁代表本公司签约呢？

事关业务能力考核，大家知道这个合同对于那个小姑娘和本部门来说非常重要。童飞在心里打起了小算盘，他觉得马上就面临升职的情况了，多一事不如少一事，还是不要轻举妄动，让总经理为难。

可是，习华就要去找总经理报告。很多和习华要好的朋友都劝他，这个时候不要太冲动。可是，习华很平静地回答说："不论是我或者是别人都有升职的可能，在我看来，坐在这个职位上的人更应该具备公正地处理事务的能力。"

习华找到领导后，领导说："这件事和你没有关系，你回去吧。"

习华没有放弃，他的态度和以前完全不一样。以前，每当领导分配任务的时候，他都是一脸和气，任劳任怨。但现在，他据理力争，说："您总是和我们说要以团队利益为重，这件事情，并不仅仅是我们部门的利益，或者是某个人的利益。试想，如果我们公司内部都出现抢单的行为，以后还怎么和其他公司竞争呢？"

看到习华坚决的态度，总经理又了解了一下具体的情况，还是出面指示让那位小姑娘去签约。大家看到这个情况后，就暗暗决定在总管选举的时候给习华投票。可是这时，总经理又对大家说要实行任命制。

听到这个消息后，所有的员工都暗暗地想，习华肯定要被淘汰了。他为了同事的一点利益，和总经理争论，直到达到他所想要的目的为止，这肯定会让总经理为难和反感。

可没想到的是，总经理的任命通知发到了习华手中。因为在总经理看来，主管必须要有原则，懂得给自己的部门争取利益。这样一来，部门的人才会喜欢他，为他干活肯卖劲，部门的成绩才会好。

微笑是一把犀利的刀

办公室向来就是矛盾的集中多发地段。对于个人来讲，如果跟某个同事大吵大闹起来，对个人的专业形象和信心就会有无形的坏影响，因为这显示了此人对控制人事问题有欠成熟，不但领导在心理上对此人的印象大打折扣，就连同事都会觉得这个人难以相处并敬而远之。

姜达通和江民俊是同一部门的两个职员。由于两个人的能力非常强，有时候领导征求意见的时候，两个人就互相不以为然，都感觉自己很有道理。

后来，两个人成为竞争对手，谁会先升任科长是部门内十分关心的话题。这让两个人的冲突更加白热化，总是互相提反对意见。

快到人事变动时，他们的矛盾已激化到了不可收拾的地步，好几次互相指责，揭对方的短。科长及同事们怎么劝也无济于事。有一次，两个人大吵，姜达通对江民俊说："别以为你常常利用职位之便，单独约见一些在工作中认识的人，让他们为你办事别人不知道，这属于假公济私。你为了给自己办事，还让领导以为你有多么积极地配合工作。"

江民俊听到姜达通的指责之后，也恼羞成怒："你做得就好吗？平时，你在同事面前是怎么骂领导的？每当出台新政策，你都在同事面前表现得义愤填膺。事后，你又单独到领导办公室大赞政策的英明。"

这一次吵架让两个人风度尽失，各自把最狠的话都说了出来，他们彼此都认为即使传到领导耳朵里，对方的失误也比自己大很多。

可是，没有想到的是，两人都没有被提升，科长的职位被其他部门资质平平的一个职员获得了。因为他们在争执中互相揭短，在众人面前暴露了各自的缺点，领导非常恼火，认为两人都不够提升的资格。

不到一个月的时间，他们两人都进行了深刻的反思，因为他俩都因为这件事情受到处分。如果再不解决问题，不但共事的时候会互相磕磕绊绊，而且他们知道，如果不是因为个人能力的关系，可能早就被辞退了。

该怎样去补救呢？姜达通感到后悔不已，因为毕竟是他先在大庭广众下抖出江民俊隐私的。他希望扭转这一状况，并愿意向对方道歉。这时，江民俊似乎仍处于极度失望中，他也觉得自己做得有些过分，但碍于脸面也不可能去找姜达通。

思前想后，姜达通想了一个方法，那就是最佳和最有效的策略，他简单地向江民俊道歉："对不起，我实在有点过分，我保证不会有下一次。"

江民俊本来以为姜达通还会为自己狡辩些什么，可是，看到姜达通并不缺乏诚意，也没有重提旧事，便和姜达通缓和了关系。当然，两个人之间难免还是有间隙，工作中还是有意见不合的时候。但在领导看来，他们已经能够放弃个人恩怨，齐心协力为公司做事了，而同事们因为姜达通和江民俊的强强合作，也不再为难该站在谁的一边。

终于，两个针尖对麦芒的对手被消化掉，部门出现了共同进步的新气象。

没有一个领导对员工不和导致的内耗不头疼，没有哪个领导不希望自己的手下能够放下成见，共同为自己做事。这就要求一个人在工作中要学会发现别人的优点，欣赏别人的优点。不改变自己就难以改善同对方的关系，按照自己的标准来改造对方是一件难于上青天的事。尤其是不要戴有色眼镜看对方，把别人当做敌人，丢掉了自己的"人气"。

所以，同事之间不值得刀光剑影或你死我活，良好的人际关系、适当的情绪管理，是为工作加温的良方。如果真的讨厌某个人，就给他最犀利的一刀，那就是微笑。不久你就会发现，最让人讨厌的人也开始变得可爱了！

学会"办公室政治"

只要在办公室里，就总会有同事关注你。这里要解释的一点是，也不必因为担心卷入"办公室政治"，就一副"拒人于千里之外"的架势。这样的清高，只会让自己在需要帮助的时候后悔。

霍敏是一个非常用心的女孩，她在工作上的付出超过了本部门的每一个人。有时候，大家一起聊天，利用老板不在的时间逛街，她就一个人继续工作。有时候，同事们出去玩，手头有没做完的工作，霍敏也会看一下自己的安排，如果有空闲时间，她并不计较帮助同事。

一提起霍敏，大家的评价总是特别高。可是，在经济收入和职位方面，霍敏的付出与收获却不成正比。她的努力让老板感觉这名员工非常踏实可靠，而且任劳任怨更让人放心，从来就没有想到这样好的员工也有会情绪。于是，霍敏就往往成为加薪和培训时最容易被忽视的人。

这让霍敏非常失落，但她并不愿意改变自己的这种性格，也根本开不了口和老板谈待遇。虽然她无法做到心如止水，但她还是尽职尽责地为公司工作。

一个偶然的机会，霍敏的一个在另一家公司上班的朋友约她吃午饭。因为要去的地方是非常高雅的西餐厅，所以，霍敏就不像平常和同事一起订外卖那样随便，而是精心地给自己补了一下妆，然后再出门。

同事之间是最容易发现彼此的改变的，大嘴巴的同事彦青萍就问道："心蕾，不吃午餐了，要去干吗呀？"

霍敏不愿意多聊，于是就说："××公司的一个老朋友约我一起吃饭。"

彦青萍又问："哦，那可是一家比咱们公司还大的公司呀，你朋友在那里做啥工作？"

霍敏想都没想就说："哦，做行政工作。"然后，就匆匆出门了。

没想到，简简单单的一件事情却让彦青萍联想丰富。不多久，大家就隐隐约约地知道霍敏和另一家公司有联系，也很有跳槽的可能性。因为大家都是背后谈论，所以，霍敏认为自己没有必要辟谣，还是做好手头工作最重要。

可是，大家看到她沉默的态度，越来越认为真有其事。后来，这个消息传到了领导的耳朵里，于是领导直接找她谈话。

看到老板的重视，霍敏突然灵机一动。当老板问她是否有跳槽的打算时，霍敏沉着地回答："虽然那家公司对我感兴趣，但我在这里工作了三年，和公司已经培养了感情。我的想法很简单，还是留在公司好好工作。"

听到霍敏的回答，领导也突然想起来，这名员工已经兢兢业业地为公司毫无怨言地工作了三年。如果不是这个偶然，可能这名有价值的员工就真的流失了。于是，没多久，霍敏的工资默默地涨了两倍。霍敏成功地利用流言为自己赢得加薪，就是因为她懂得办公室政治的原因。人是政治的动物，办公室也不例外。即使你能力很强，也要像霍敏一样了解办公室的生态环境，这样在办公室的政治游戏中，才能让自己免受伤害。

不要得罪你认为不重要的人

在工作中，你会发现自己的周围总有几个"懒得出奇"的同事，每天日上三竿的时候来上班，似乎并不感到有职业上的危机感，也不担心会被开除，逍遥地行走于职场。这会不会让你感到非常费解，或者你会不会想——我是不是也可以这样？

看了下面的案例，你就不再有疑问了。

仁祺耕是一个非常上进的销售人员，他在公司里的表现有目共睹。有一次，他连续三个月给公司搞定几十万元的大单子。

平时，仁祺耕就把自己全部的精力都用到了工作上。他从来不关心同事的八卦隐私，也不关心其他人的心情，一心想把自己的业绩提上去。他最不喜欢部门里的一些同事，上班的时候上网闲逛，也没什么追求。他尤其不喜欢莫小米，这个女同事简直令他鄙视，居然一整天不给客户打一个电话，大模大样地在办公室里看韩剧。

有一次，她居然还带着爆米花来单位，上班的时候，咯吱咯吱的声音让仁祺耕觉得很烦。

仁祺耕从来不和莫小米接触，他也不想管别人的事情，他只用实力说话。做出了良好的业绩，领导给了他提升的空间，让他管理一个部门。仁祺耕知道，这是领导层的重用，他不想让看重他的人失望。同时，他也认为作为领导，就不能和以前一样，不关心别人，要管理自己手下每一个人的发展情况。

于是，莫小米首当其冲地被列入他考虑的开除人员名单。在他看来，不积极进取的人就不能待在部门里，他喜欢的员工包括他自己，都是兢兢业业实干派的作风。他开始在上层和领导交流的时候，渗透自己想开除莫小米的想法。

仁祺耕希望能够得到领导的支持，因为毕竟莫小米是从公司开业就一直待在公司里的老员工。没有领导的支持，他缺乏底气。可是，每一次提起这件事的时候，领导都微笑不语。他内心暗暗纳闷，为什么领导一直非常支持自己的很多决定，唯独对这件事情持有保留态度。

他耐心地又对莫小米观察了一段时间，得出的结论是，莫小米的确属于混日子的类型。于是，仁祺耕决定，只要时机成熟，就一定会坚持开除莫小米。可是，莫小米并没有被开除。经历了一个突发事件之后，仁祺耕彻底知道自己犯的错误有多严重。

公司的产品进入了销售淡季，可是，由于莫小米的个人原因，她的亲戚是对口的采购人员，于是进行了一次大规模的采购。短短两个星期，莫小米给公司带来了 500 万元的经济收入，足以抵得上仁祺耕整个团队的季度销售额。

原来，这个懒员工对公司的发展居然起到了如此重要的作用！

如果你的周围有貌似应该被开除的同事，但偏偏没有人开除他，一定要在心理上重视这个人。再无能的领导也不会把工资给一个没有价值的人，千万不要得罪他。

你可能会认为这是不是偶然，他就付出的比自己少，拿的比自己多。其实，没有偶然的偶然，因为你不知道一张简单的面孔背后会和公司有着怎样错综复杂的利益关系。一个看起来一无是处的人，只要能安安稳稳地坐在自己的位子上，一定有其过人之处。

想要长期发展的人必须把自己的心态摆正，应该允许自己的同事有独特的放松方式。即使有出格的地方，也不必气恼并处之而后快。哪怕自己是领导，也不要用苛刻的尺子衡量别人。即使内心是，表现也要装得宽厚可亲，领导也照样有得罪不起的人。如果得罪了不该得罪的人，员工将对其的不满报复到公司。最后麻烦的还是自己。

所以，任何时候不要轻易得罪你认为不重要的人。只有做好自己应该做的事，这才是对自己最安全的保护。

男女搭配，干活不累

俗话说：男女搭配，干活不累。在实际工作中，男性和女性确实存在区别，有效的互补的确能提高工作效率。不论从生理方面还是心理方面来分析，男女确实都是以互补的形式存在的。比如，男性力量较大，女性柔韧性较强；男性偏重理性，女性偏重感性；男性胆子较大，女性却比较细致，不容易出纰漏。

还有的时候，会出现女领导爱护男下属、男上司受女员工拥戴的情况。所以，在职场中，你有时候不得不承认的是——吸引力就是生产力。

林洁是一个典型的女权主义者。在公司里，她的员工全是女性，而且工作业绩不凡。

最近，因为公司扩大了规模，她和人事招聘的负责人发生了争执。因为扩充要招聘员工，人事部门的同事建议招一些男员工，林洁立刻拒绝了，说："为什么招男员工？我这里的女员工做出的工作成绩绝对不比男员工逊色。而且，女员工比较细心，又有语言表达上的先天优势，她们和客户的沟通就更容易出成果。"

可是，人事部门的负责人也非常坚持自己的建议。他们坚持的观点是，男性总想在女人面前表现自己的男子汉气概与聪明能干。女人也愿意在男人面前表现自己细心认真的一面。长期阴阳失调肯定情绪失衡，单位招工时都应注意男女比例人数的合理搭配。

后来，争执一直没有结果。领导站出来关注此事，提了自己的意见，他说："林洁呀，男女搭配，干活不累。你看看你们这些女员工，经常出个差，累得人仰马翻，完全可以找些帅哥来帮帮你们。"

林洁不以为然地说："男员工就未必任劳任怨。在我看来，女性更加坚强，同性群体也能更好地团结在一起。"

后来，领导就干脆在招聘时做一个小测试，让女性互为搭档和男女搭档相互竞赛，看看哪一队的工作效率高。

测试的内容是两组独立完成一个项目，从找项目、做合同到结账。很快，几个小组的测试成绩出来了，大家的完成时间和程度相差并不太大。然而，事后对员工的问卷调查却发现，男女搭档比女女搭档的员工感觉更轻松。

因为分配工作的时候，女性和男性的优势得到了充分的发挥。在找项目的时候特别辛苦，常常需要一天的时间去多个地方出差，体力消耗也非常大。这时，在男女的一组同事中，男性的优势就凸显出来，那些男同事们主动承担主要任务，而且不像女性把出差当成痛苦的事，而是非常轻松地完成了最初的工作任务。

接着，到了出合同等比较细致的活儿时，女性则会做得更多。这样的有效分工，自然减少了工作强度和压力，而且还轻松地避免了失误。

事实胜于雄辩，看到最后的结果，林洁也改变了自己的观点，意识到原来很多工作让男性去处理，也未必是对女性的不尊重。例如，当工作需要员工经常加班的时候，男性可能更适应这样的工作环境。

后来，她积极配合招聘工作，给自己部门招聘了几个有头脑，又肯做事的男员工。

在工作中，女性的细心、谨慎与男人的进取、大胆，以及在创意设计、实际操作等方面，男性和女性都具有良好的互补性。由于这样近乎完美的互补，可以使得男女通过工作上的分工，彼此都从事自己熟悉的、擅长的工作，产生协同效应，从而提高整体的工作效率。

除了利用异性效应选择自己的工作搭档，让自己更加出色地完成任务外，在职场中利用自己性别优势的时候，还一定要注意到这样一个问题，那就是在发挥优势的同时，还要回避自己的劣势。

对于女性来说，敏感是一把双刃剑。如果女性过于敏感甚至达到多疑的程度，凡事都考虑得过于复杂，将会不利于工作、人际关系等方面的处理，有时甚至会因为想得多而对别人产生误会、发生争执。这时，敏感就成了女性职场发展中的软肋和绊脚石。

对于男性来说，和女性相比，有力量上的天然优势，但也要注意自己的生活细节。例如，要维护自己的健康的职业形象，不要在办公室开过分的玩笑，而且更应该宽容大度，不要为了一点小利争得脸红脖子粗，丢掉自己的男人气概。如果能够避免以上这些不利因素，男女搭配的职场将是生气勃勃而又轻松愉快的职场！

有时可以"曲线沟通"

"曲线沟通"是一种成熟的表现，也是一种外交艺术和个人成长的逐步完善。所谓曲线沟通，就是在保持"和气生财"这样一种关系状态的基础上去创造各种进一步沟通的可能。殊不知，任何形式的沟通的根本前提就是"和"。懂得曲线沟通并且有过"曲线沟通"经验的人就会知道，有时候你退一步了，看着吃亏。其实不然，"忍一忍风平浪静，退一步海阔天空"之后，一些奇迹发生了。

与曲线沟通相反，就是那种个性上一根肠子直到底的人，这种人很多见。人们往往对这种直来直去的性子赞赏有加，甚至将他们与那些阴谋诡计者作比较来夸奖。这在传统的人际关系上无可厚非，但在现代更为复杂的人际关系中，这样的直率似乎有点跟不上形势和要求。这是因为，现代人的流动和关系都比过去广泛和复杂了。如果把"直率"一成不变地沿袭下来，不懂一点曲线沟通的艺术，恐怕常常要与人发生矛盾。

一个职场新人在自己的博客里记录了这样一件事：

我去年毕业后进入了这家公司，在市场部工作。我的顶头上司是位女经理，平时待人随和。她让我起草一个标书，投标一座写字楼的装修工程。接到任务后，我既兴奋，又紧张，因为这是我第一次独自制作标书，稍有闪失就会影响竞标结果。加班加点，日夜不停，一周后我终于完成了标书。怀揣着 20 多页的标书来到女上司办公室。经理粗略阅了一下，然后说：标书先放这里，你先回去吧。

标书制作得怎么样？她满意吗？这些我都心里没有底儿，反而更加忐忑不安了。第二天早晨，上司那边仍然没有反应。我知道以前也有这种情况，同事做的标书交到上司那里没有了任何音讯，最终结果是被否决了。正在我胡思乱想时，一个经验丰富，也是我们部门资格最老的男同事过来关切地说："小秋，你的标书做得怎么样了？需要我帮你看看吗?"我赶紧把自己备份的标书拿给他。他用红笔在标书上做了大量修改，有些数据和资料做了重新矫正。用了整整一个下午，我们俩又把标书重新做了一次。当我再次把标书送到上司手中时，我注意到她的脸上有一丝笑容闪过。后来，我们公司竞标成功。在庆功会上，上司表扬我标书做得好，立了很大功劳。

我心里更加感激那位男同事了，便主动约请他吃饭。饭局中他告诉我，其实是经理让他帮助我的，并且告诉他哪些地方需要改正和完善。男同事最后说："可能是经理怕直接告诉你会打击你的积极性吧，所以采取了这种'曲线沟通'方式。"此时，我才恍然大悟，对经理充满了敬意。

人与人的交往如果能不发生碰撞、矛盾已经是不容易的事情了，舌头还有被牙齿咬的时候呢。有了摩擦，处理得好，那些摩擦矛盾可能会很快烟消云散，处理不当则会招来许多麻烦，乃至影响整个工作的进展和效率。有时候，走直线行不通，不妨绕个弯试试，也许能曲径通幽呢。

不要搞"小帮派"

每个人在公司里都有几位相处比较好的同事，来往比较密切，时间一长，你们的情谊越来越深。这样一来，在工作上，你们有可能把个人的利益考虑放在公司利益的前面，甚至为了你们小集体的事而违反公司的规章制度。如此下来，在公司其他同事的眼中，你们就形成了一个小帮派。

你可能还在为自己的好人缘而高兴，殊不知，你们此时已经使老板感到不舒服了。只要你仔细观察一下，就能发现老板并不喜欢那些搞小帮派的人。如果你与他们走得太近，你就可能会受到牵连。因此，你必须从小帮派中退出来。

一旦老板把你当成小帮派的一员打入黑名单，你就会得不偿失，因为老板对小帮派总有不信任感，对小帮派里的人会有很多顾虑。他会认为小帮派里的员工公私混淆，如果提拔了圈内的某个人，与之关系好的"哥儿们"就可能会得到偏爱放纵，对公司的发展不利，对其他员工也不公平。

另外，老板会担心小帮派里的人不忠诚，经常聚在一起，臭味相投。若老板批评其中的某个员工或某个员工与其他同事发生冲突，这几个人就会联合起来对付上司或同事，影响公司团结。再说，即使上司想单独给其中某个人嘉奖或发红包，这个人也很可能泄露给圈内的朋友，因为红包不是每个人都有的，其他同事知道后，就会认为老板不公平。

而且，在小帮派里的人应酬较多，私人事务也增多，很难抽时间加班或学习技能。如果在一个办公室，他们就可能会在上班时间聚在一起聊天。

所以，在工作中一定要注意，千万不能加入已经形成的小帮派。否则，你在公司里的发展前途就基本结束了。

当然，不搞小帮派并不是反对你与人交往，而是要你在公司里建立起和谐的人际关系。

首先，要严格公私分明。与同事相处，特别要注意公私分明，不能因为跟谁关系好而在公事上带有感情。即使关系好的几个人同在一个办公室，上班时间也要公事公办，不要经常粘在一起聊天说闲话。

其次，要永远以团结为重。当你因工作上的事受到上司的批评时，不管上司是对是错，你都不能因一时之气与关系较好的人煽风点火，联合起来对抗上司。要始终把团结放在第一位，尽量缓解同事与上司之间的紧张气氛。

最后，要扩大交际范围。在公司里，你不要把自己的交往对象只限定于三五个同事，而应与公司的所有员工都建立起良好的关系，乐于帮助他们，倾听他们的心声。这样一来，你就不会被别人误以为在搞小帮派了。

处理好人际关系，可以提升你在公司里的名望和地位，吸引老板的目光，为你今后的发展铺平道路。

友善对待排挤你的同事

在单位里，你的优秀有时不可避免地成为同事排挤的理由。如果有一天，你发现你的同事突然一改常态，不再对你友好，事事抱着不合作的态度，处处给你出难题刁难你，出你的洋相，看你的笑话，你就得当心了。这些信息向你传送了一个危险信号：同事在排挤你。

被同事排挤，必然有其原因。这些原因不外乎以下几种情况：

近来升级连连，招来同事妒忌，所以群起排挤你；

你刚到单位上班，你有着令人羡慕的优越条件，包括高学历、有背景、相貌出众，这些都有可能让同事妒忌；

雇用你的人为公司内人人讨厌的头号公敌，故连你也受牵连；

你衣着奇特、言谈过分、爱出风头，而令同事却步；

过分讨好上级而疏于和同事交往；

妨碍了同事获取利益，包括晋升、加薪等可以受惠的事。

如果是属于第一二项，这种情况也很自然，所谓"不招人妒是庸才"，能招人妒忌也不是丢面子的事。其实，只要你平日对人的态度和善亲切，同事们不难发觉你是一个老实人，久而久之便会乐于和你交往。另外，你应着力培养自己的聊天魅力，通过聊天与同事沟通，从而改变同事对你的态度。

如属第三项，那便是你本人的不幸，唯有等机会向同事表示，自己应聘主要是喜爱这份工作，与雇用你的人无关，与他更不是皇亲国戚的关系。只要同事了解到你不是公敌派来的密探，自然会欢迎你的。

如果是属于第四、五项，那你便要反省一下，因为问题是出在自己身上，如想令同事改变看法，唯有自己作出改善。平时不要乱发一些惊人的言论，要学会当听众。衣着也应切合身份，既要整洁又要不招摇，过分突出的服装不会为你带来方便。如果你不是土包子，就是为了出风头，这会令同事们把你当成敌对的目标。

如果是属于第六项，你要注意自己做事的分寸。升职、加薪、条件改善甚至领导的一句口头表扬都是同事们想获得的奖励，争夺也就在所难免。虽然大家非常努力地工作，但彼此心照不宣，谁都想获得一种优先权。得到领导的信赖和重用，也别忘了与同事的关系正常化和亲近化。这是你今后工作不可缺少的条件，因为没有别人的协助，你的工作便很难进行。

特别值得一提的是，做人不要把利看得太重，更不要和同事争名夺利。有句话说得好：是你的推也推不掉，不是你的抢也抢不来。明白了这个道理，还有什么可争的呢？在遇到这类事情时，该让就让，摆出一副高姿态来。虽然你这次吃了亏，但以后会得到补偿的。塞翁失马，因祸得福。眼前看来不是好事，谁又能保证以后不会出现好的结果呢？

为竞争对手叫好

不少职场上的同事，一旦相处久了，互相之间就很容易产生一种视对方为工作和生活中的竞争对手的心理，以致处处戒备和设防。他们见面时笑容减少了，客气话也少了，而挖苦与讽刺却多了。常见到一些同事与朋友，见面就互相嘲笑对方。这种相处方式，其实是给自己制造麻烦，因为一旦出现变故，你讽刺排挤的人、没有帮助过的人，最容易成为对你幸灾乐祸的人，成为在你伤口上撒盐的人。

当我们看到自己取得成功的时候，总是兴奋不已，希望有人为自己鼓掌。可是，当身边人，包括你的"假想敌"、你的对手取得成功的时候，你该怎样去面对呢？是嫉妒还是欣赏？是大声叫好还是不屑一顾？尤其是平日与你相处得很紧张、很不快乐的人成功了，这时候，你为他鼓掌，会化解对方对你的不满和成见，改变他对你的态度。他会觉得你慷慨地付出自己的真诚，因此，他也会给予你支持。人都是这样，死结越拧越紧，活结虽复杂，却容易打开。

对他人多鼓掌，这是需要勇气的，需要一种平衡的心态，但它将给你带来很大的利益。

1991年11月3日夜，美国大选揭晓。当选总统克林顿在竞选总部前他的支持者们的聚会上发表即席演说。他先是言辞恳切地感谢昨天还在互相唇枪舌剑、猛烈攻击的主要政敌、现任总统布什，感谢布什从一名战士到一位总统期间为美国做出的出色服务，并呼吁布什和另一位对手佩罗及其支持者与他团结合作，在他未来4年中，在全面振兴美国的大变革中，继续忠诚地服务于祖国。

而远在异地的布什则打电话祝贺克林顿成功地完成了一场"强有力的竞选"，他还调侃地告诫克林顿："白宫是个累人的地方。"他还保证他本人和白宫各级人士将全力以赴地与克林顿的班子合作，顺利完成交接工作。

这种客气，在某种意义上就是一种付出，一种精神的付出。竞选的成功与失败，对于布什和克林顿这两个对手来说，欢乐与悲哀都是不言而喻的。但在现实面前，两个对手保持了高度的理智，为双方的成绩表现了超然的风度。

为朋友付出容易，为陌生人付出困难，为对手付出更困难。付出既有物质上的，也有精神上的。当别人遭遇困难的时候，你的一句鼓励就是给予；当别人成功的时候，你的几声掌声就是礼物。一些同行冤家和竞争对手，多采取的是阴险的手段，打击报复，却不知道如何化敌为友。

想把对手变成朋友，就要舍得为他"付出"。对方陷入困境的时候，你要保持冷静，不能见机踹他一脚；当你成功的时候，不要在对方面前趾高气扬，而要克制自己不流露出得意的神情。做到这些就是勇敢的"付出"，以减轻对手的敌意。

有一位成功者曾在他所著的《成功极限》一书中指出：为竞争对手叫好，并不代表自己就是弱者。为对手叫好，非但不会损伤你的自尊心，相反还会收获友谊与合作。

为对手叫好是一种美德，你付出了赞美，得到的是感激。

为对手叫好是一种智慧，因为你在欣赏对手的同时，也在不断提升和完善自我。

为对手叫好是一种修养，赞赏对手的过程，也是自己矫正自私与妒忌心理，从而培养大家风范的过程。

美德、智慧、修养，是我们处世的资本，也是职场生存的经验总结。

第四章　与上司相处的职场智慧

要懂得怎么做下属

如果你的工作完成得很好，你的业绩也不错，你的下属也很爱你，但你的上司可能不喜欢你，因为你只知道做自己的工作，只知道怎么管理你的下属，不注意上司怎么看你。所以，不管你是主管也好，普通职员也好，你都要懂得怎么当下属，怎样让你的上司喜欢你、器重你、提拔你。

如果你要获得这样的效果，下面八点你一定要认真地去做：

1. 主动报告你的工作进度

当领导的心中往往有个不快，不知道他的下属在忙些什么，每天似乎都很忙，又不好意思经常去问他。因此，做下属的一定要主动报告自己的工作进度，让上司放心，不要等做完了再讲。有时，小小的一点错误，发展到后面就会变得很大。所以，应尽早报告你的上司。一有错误，他就可以纠正你，避免犯大错误。

作为一个下属，你有多少次主动报告你的工作进度，让上司知道，让他放心？实际中，其实很少。对上司来说，管理学上有句名言：下属对我们的报告永远少于我们的期望。由此可见，上司都希望从下属那里得到更多的报告。因此，做下属的越早养成这个习惯越好，上司一定会欣赏你的。

2. 对上司的询问有问必答，而且清楚

做上司的会觉得下属回答问题时这个样子让人受不了，"蔡小姐，昨天下午说过的那个报表今天一定要交给我。""知——道——了，老——总，你没看到我在写吗？"如果你的下属这样子回答，你一定会非常地不喜欢，甚至痛苦。而她很能干，你又不能因为这样就随便炒她。

如果上司问你话，一定要有问必答，最好是问一句，答三句，让上司清楚。答的比问的要多，会让上司放心。答的比问的要少，会让上司忧虑，不是一个员工应有的心态。

回答上司的问题时，有一件小事不能随便。上司进来问我们话时，应立即站起来，这是基本的礼貌，很多人没有这种习惯，上司问话时坐着回答。这一点，日本人做得很到位。日本人在问下属问题时，下属通通都是站起来马上回答。

3. 努力学习，充实自己，以了解上司的言语

做下属的，脑筋要转得快，要跟上上司的思维。你的脑筋会不会转得比你的上司快？一般不会，那你要不要去努力地学习？肯定要的。今天他能有资格当你的上司，肯定有他的一套，有比你厉害的地方。如果你去联想集团当一个副总，你的脑子会不会比柳传志还快？我想你不敢这样讲。柳传志能够领导联想，能够把联想发展成今天这种规模，肯定有很多地方值得你去学习。因此，你不仅要努力地学习知识技能，还要向你的上司学习，这样才会听得懂上司的言语。他说出一句话，你要能知道他的下一句话讲什么，也就熟悉了他的言语，跟得上他的思维。如果你不去努力地学习，你的上司想到20公里处，你才想到5公里的地方，你跟他的差距就会越来越大，他是没法提拔你的。

很多人都想超越自己的上司，这是非常可贵的精神。但要超越自己的老板，先要学会他那一套，然后再谈超越他。你连上司那一套都没有学会，更谈不上超越了。因此，做下属的，要不断地学习，学习你的上司，不断充实自己，才会提升自己，获得上司的赏识和提拔。

4. 接受批评，不犯二次过错

日本一家电器公司的老板准备物色一位职员去完成一项重要的工作。在对众多的应聘者进行筛选时，他只问一个问题："在你以往的工作中，你犯过多少次错误？"他最终把工作交给了一个犯过多次错误的员工。开始工作前，他交给该员工一本《错误备忘录》，嘱咐道："你犯过的错误都属于你的工作成绩，但你要记住，同样的错误属于你的只有一次。"这说明，上司会给员工犯错的机会，但不希望下属犯同样的错误。

人非圣贤，孰能无过？人肯定是要犯错误的，聪明人的可贵之处就是能在每次犯错误之后，接受教训，及时总结经验，不犯二次同样的过错。但一个人要能真正做到不犯二次过错，其实是非常不容易的事情。一个人犯第一次错误叫不知道，第二次叫不小心，第三次叫故意。不要以不小心作为犯错误的借口，更不能故意去犯错误。如果你对你的上司说："老总，您放心，这是我第一次犯这个错误，也是最后一次。"你敢讲这种话，是非常不简单的，但你要培养这种勇气和素质。

5. 不忙的时候，主动帮助别人

这是一个强调团队精神的时代，公司的成功要靠整个团队。团队成员需要良好的协作，也需要互相之间的帮助。一个人不忙时，要主动帮助他人，这是一种团队精神。在麦当劳，如果没人扫地，店长也会去扫地的，也会帮人点餐。如果有一队排得很长，其他队人很少，一定会有人说：那边的客人请到这边来。麦当劳文化的一个重要特点就是快速的服务，做到这一点的重要原因就是员工不忙的时候，主动帮助他人。其实，这一点也是美国公司的一个文化。这是人家的长处，我们应该学习。

今天你帮助别人，不仅是一种积极的工作态度，也是有利于你自己的良好作风。因为有一天，你也需要别人的帮助，别人也会来帮你。在现实中，很多人崇尚本位主义。自己不忙时，说人家是应该的，他忙是活该，我休闲叫应该。如果一个组织存在这种思想，那么这个组织就很危险，就很难成为"一家人"，其凝聚力、战斗力就会大打折扣。

6. 毫无怨言地接受任务

最完整的人事规章，最详细的职务说明书，都不可能把人应做的每件事都讲得清清楚楚。有时会临时跳出一些事来，下属会临时接受一个工作任务。假如公司一位重要的客户要过来，为表示诚意，公司要派人去接他。这是临时的事情，职务说明书里是不会有的。那么，被派的人会说："凭什么要我去？我已经下班了，当时我来时，你们有没有讲过要这样做？"如果你这样子去计较，你在一个组织里是很难出头的。临时的事是一定要有人做的，你要一口答应，一肩挑起。最难的是：要毫无怨言。如果你毫无怨言地去做了，你的上司会非常感激你。他即使当时不说，也会利用另外的机会表扬你、奖励你、回报你。

人不要太斤斤计较。中国有一句话：吃亏是福，吃亏就是占便宜。这是很有道理的，因为你在一个地方付出了，会在别的地方得到回报。一个公司的成功要靠全体的努力，你要毫无怨言地接受任务。

7. 对自己的工作主动提出改善意见

这是最难做到的事情。如果你的上司说："各位，我们来研究一下，工作流程是否可以改善一下？"严格说来，这样的话不应该由你的上司来讲，而应该由你来讲。所以，每过一段时间，你就应该想一下，工作流程有没有改善的可能？如果你是你所干工作的专才，而你的上司不是，他提出了改善计划，想出了改善办法，你就应该羞愧。

8. 想得到的利益让上司为你争取

不要在领导面前直接计较个人的利益得失。如果你喋喋不休地向领导提出物质利益要求，超出了他的承受能力，他在感情上就会觉得压抑、烦躁。如果"利益"是你"争"来的，领导虽作了付出，但并不愉快。他在心理上会认为你是个"格调"较低的人，觉得你很愚蠢。如果你的领导是个糊涂虫，与他争利益得失反而会把你的功劳一扫而光，结果是"利"没有得到，"名"也会丧失。最好的办法是让领导主动地给，而不是你去"争"。

不要和领导作对

员工与领导的关系没有完全融洽的，工作中的领导和被领导的关系就是最正常的关系。由于所处的位置不同，思考问题的重点也就不同。因此，没有哪个员工不被领导批评。这个时候，员工一定要有正确的态度，冷静地思考：领导为什么批评我？批评我的目的是什么？

梁巧丹的工作是网页设计，她能力很突出，对待工作认真负责，还时常有令人眼前一亮的创意。

有一次，她和领导产生了矛盾。梁巧丹为了让网页能将产品成功地外销到公司的新市场，费尽了心力。每到晚上，她都主动加班，坚持自己的设计一定要出最好的效果。对于制作中的每一个小细节，她都认真地处理。

可是，距离客户约定的时间越来越近了。领导找到了梁巧丹，让她在限定时间内做出来。梁巧丹有自己的坚持，延后了几天，终于在客户不满的时候递交了方案。对此，领导没有表扬梁巧丹的夜以继日，而是因为工作流程的不顺畅，在团队聚会时批评了她。

这一次的批评让梁巧丹记在了心里。一方面，梁巧丹从此能够准时地递交方案了。可另一方面，梁巧丹始终对老板的批评有所抱怨。有时候在和客户的沟通中，她就流露出不满，对客户讲有的细节做得不够好，是因为自己的领导根本不懂得设计，而且为了更快地接活以实现利润，领导也会让她赶工，这样质量就难免下降。

在梁巧丹和客户的沟通中，她赢得了所有客户的好评。但是，她在公司很明显地被"边缘化"了。不知道为什么，梁巧丹发现自己无论有多少客户，无论工作多么出色，她就是拿不到丰厚的奖金，也并未得到提升。公司开会时，领导对她公开怠慢，这让她的工作环境也恶劣了起来。因为同事们都是看领导脸色行事的，梁巧丹在公司里越来越被动，她终于在反思中懂得了自己失误在哪里。

没有一个领导不关注自己的客户，要知道还有很多客户本身就是领导的朋友，领导不可能不知道员工在客户面前对自己的评价。如果记恨领导，在客户面前损害了领导的威严，那么，领导的报复就会立竿见影。梁巧丹也非常后悔，她终于懂得了身为一个老板，要承担公司的所有成败，主观意识肯定很强。她不该因为记恨领导，以至于毁了自己的前途。

在公司里，无论遇到什么样的事情，无论自己的领导是什么样的，一定要记住一条铁律：如果一个人和自己的领导作对，即使只是心理上和自己的领导不融合，那么他也一定会被赶出公司大门。

只有在心理上懂得领导是必须尊敬的人，在和领导产生矛盾的时候，放下"仇恨袋"，发自内心地认可领导的权威地位，懂得领导做事的初衷并不是为了难为自己，才能更好地工作，在公司扎稳脚跟。

在这里，还要强调一点的是，很多人都有这样的疑问，那就是如果领导没有给你想要的待遇，最正确的做法是什么呢？如果你还想得到你想要的，你应该克制自己内心的不满，在领导面前，都要努力做出毫不介意的姿态，强迫自己用更积极的心态去工作，这样才能笑到最后。

敢于提出不同意见

传说有一种叫旅鼠的动物，这种动物是巴菲特等投资大师开涮最多的动物。它们最特别的是会自杀式地季节性迁徙，一大群的旅鼠排着队、盲从地向海边走去而淹没在海中。前面的旅鼠已经葬身大海，但后面的还不会停下来，它们会一直向前。关于这个现象，大师巴菲特还有句妙语：当惯性起作用的时候，理性通常会萎缩。

这个心理学效应在职场中给人们的启发是巨大的。

没有一个人敢说自己身在职场，不揣摩领导的想法，但大部分的人都不得其法，认为老板最喜欢的员工就是一味地服从、讨好领导。事实并不是这样的，领导更加了解"毛毛虫效应"的可怕性，他们更了解在从众这方面，人比毛毛虫和旅鼠都好不到哪里去。

领导身处高层，每一个决策都关系到企业的生死存亡和切身利益，没有人有资格认定领导层的人只喜欢应声虫，而不希望自己的员工能靠着冷静的头脑成为自己的左膀右臂。这是一个很有意思的现象，就像很多女人总是不懂得如何留住男人的心。但是，坦白说，和古代的妃嫔们取经吧，武则天不是仅仅靠着美色就打动皇帝的，她有着清醒的头脑，让皇帝也依赖于她。

李默虽然在一个不错的单位，可他却是单位里最不起眼的人物。

在一次陪同公司的大领导张先生一起去外地谈一个大项目时，大家都认为李默不过是打杂的员工而已，因为和政府部门谈的大项目，所有沟通的进程和节奏都是由张先生掌握的。

在本来很顺利的谈判的过程中，公司的产品却遇上了另外一家对手，对方也在做同样的产品开发。虽然公司的产品占有很大的优势，可政府部门由于对方的出现而犹豫了。面对这种情况，张先生马上召集随行的人员，开了一个小会，讨论应该怎么办。大家的意见都是采取降价的措施，以保证项目顺利地进行下去。

大家商议完，张先生例行公事地问了一句："大家还有别的意见吗？没有异议，我现在就过去谈降价这个事情。"

没想到，李默站起来说："张总，我认为这个项目，我们不要轻易降价，因为如果我们调价，损失的将是几千万的项目。"

就在大家非常吃惊的时候，张先生马上说："说出你的理由。"

李默说："现在还没有具体的数据和分析报告，因为您说现在就要去谈降价，所以我简单说下我的想法。在我看来，我们做这个项目，是为了实现公司的利润。所以，我们不能轻易降价，而对于谈判对手来说，他看重产品的原因不是用来赢利，而是政绩。"

这番话说完，张先生也立即冷静了，他也分析了客观的原因。的确，在其他公司还没有开发出产品的时候，它们根本就不是竞争对手，而只是"假想敌"。因为李默及时的否定和提醒，让他冷静下来思考。

后来，事情的发展果然如李默说的那样，公司在没有分文降价的情况下，顺利签单。也因为他这次的勇气，使他获得了张先生的信任和器重，事业上也有了突飞猛进的发展。

当一个人和大多数人一样去讨好自己领导的时候，他就必然丧失了领导对自己的好印象和信任。因为领导看的讨好太多了，他会把这个人也当做溜须拍马，没有真才实学的小人。

没有哪一个掌握着公司发展前途的领导，是靠着员工的恭维生活的。他们最需要的就是，在自己举棋不定的时候，或者在自己作出错误判断的时候，有人能站出来，给出中肯的参考和意见。当然，要敢于提出不同意见，也要注意自己的态度，而且最好用数据和客观的实例，帮助领导作好正确的分析。

及时向上司汇报

在工作中，我们常会因为对上司的意图理解得不全面而使工作发生偏差，导致劳而无功。有的时候，自己一肚子的委屈，还听到领导这样说："如果不是因为一直以来，你什么都不说，我不知道你的想法，今天，你就不会犯这样的错误！"

这句话曾经让很多职场中人郁闷过，很多人的确存在和领导的"沟通障碍"，遇到困难的时候怕开这个口会让领导觉得自己能力不足。事实真相是：如果你善于卸责，那就不太可能被主管信任；但如果你不懂得为自己争取应得的，你也还是咎由自取，也不配担当大任。

其实，在工作中保持良好的汇报习惯是非常有意义的，具体可以这样做：直接给领导结果。上司都很忙，没有时间听你的长篇大论。如果你的汇报过于冗长，很可能会引起上司的反感，这样就会得不偿失。所以，你要先说结果，而不是去描述过程。比如："领导，我现在已经安排好工作事宜，等候您的通知，我随时都可以出差!"

还要注意，打破沉默，向领导汇报一定要及时。汇报也具有时效性，及时的汇报才能发挥出最大的效力。当你完成了一项棘手的任务，或者解决了一个疑难问题的关键，第一时间找上司汇报效果最好。拖以时日再向上司汇报，上司就可能已经失去对这件事情的兴趣。还应做好周计划和周总结，并及时提交，让自己成为一个让上级放心的下属。

成可刚刚升职做了一个小部门的主管，他第一次当小领导，非常感激大领导的提拔，于是就想好好管理，给公司做出贡献。

其实，成可的部门只有他和两个同事。在成可的努力下，这个小部门不断争取到新的合作。在成可当主管的半年后，业务量是原来的三倍。业务增多固然让大领导高兴，但也让成可和同事们累得喘不过气来。

成可还是选择了沉默，他愁眉苦脸地撑了三个月后，甚至忍不住私下抱怨大主管，他怎么没看到我们这么辛苦，还把新的业务一直交过来。甚至有的时候；非但没有得到表扬，还挑剔我们做得不够完美。

有一天，大领导找成可谈话，问到了近期公司产品的销售量。

成可一直有这样的一个思路，那就是和自己的同事从小客户入手。因为大客户竞争太激烈，他选择了一些小客户进行公关，想先占领小客户，再慢慢向大客户渗透。

可是，大领导非但没有表扬成可和同事们所作的努力，却这样问："你还记得公司的销售目标吗?"

成可说："一年后，我公司产品的市场占有率要达到12%。"说到这里，大领导的脸色非常不好看，说："那就请你把精力放在开发大客户身上！"

成可爆发了，他说："本来我们就人手不够，如果要谈大客户，我们还需要更多的人，我都快撑不住了！"

没想到，领导又开始责怪他："你为什么不早告诉我呢？我一直等着你来跟我多要几个人，没想到你竟然什么都没说。所以我以为，你这个部门可以胜任更多工作量。是你自己的沉默制造了自己和你那个部门同事的负担！"

总之，及时向上司汇报，还会使你与上司建立一种良好的互信关系，上司会自动对你的工作进行指导，帮助你尽善尽美地完成工作。

越级行事要不得

20 几岁的年轻人要懂得，每个行业都有自己的规则和组织。在一般的职场中，其组织机构都是逐级构成的，绝大多数成员都有直属上司、顶头上司。在工作中，越级报告就意味着要越过直属上司，直接与顶头上司说明你的看法或争取权益。除非万不得已，这样做的后果往往是得不偿失。

通常打越级报告是一种危险的行为，会产生众多不良后果，往往容易伤害到自己。顶头上司不喜欢越级报告，一般会"退回原级处理"，因而你无法收到预期效果。这还有可能导致你与直属上司之间关系恶化，因为你这样做明显是对他的不尊重。事后，就算他不炒你鱿鱼，也难对你委以重任。你的行为如果被同事们知道了，他们就可能会攻击你而使你"里外不是人"。

就算你的报告是非常正确的，你也是破坏了单位的正常运行程序，这会使顶头上司异常头疼。即使你成功了，他们也会心存芥蒂，认为你对他们也可能采取同样的行为。所以，一般情况下，最好不要打越级报告。

陈星所在的公司安排了一项重要的工作项目之后，部门主管反复考虑，犹豫不决，难以下决定，拿不出可行的方案。这时，陈星就越过部门主管，直接向总经理说自己承担这项任务没问题。他的这种做法无疑严重地伤害了部门主管的感情。

其实，他本应该跟部门主管商量对策，分担他的压力，拿出方案来。这样一来，不仅为部门主管解了忧，也能使部门主管对自己有个好印象。而就在部门主管需要帮助的时候，陈星不但没有给予安慰和分忧，反而施加了更多的压力。这种做法使部门主管对他很不满意，事后不久，就找了个理由把陈星辞退了。

在工作中，你若是想打越级报告，需要先检视一下自己的动机，是不是为公司利益着想，而不是为了个人利益。确认了这一点，你就能选择正确的做法了。

在工作中，如果你有好的建议和想法，一定要按照职场的规则来，也就是要注意逐级上报。即使你要越级报告，最好先与直属上司进行沟通，这样才能收到较好的效果。

领导并不是你认为的那样

在职场中，有不少人抱怨领导的时候，都会有这样的感觉，那就是领导的能力并不强，只是机遇好，或者由于一些别的原因，才让专业知识不强的他坐在了一个比自己高的位置。

事实果真这样吗？很多时候，领导也有不为人知的一面，他不需要有多强的专业知识，因为他不是某个专业的技术员，他是要懂得统筹、懂得决策，并且要为自己的每一个决策最终承担责任的人。

打个比方说，有的领导专业知识很强，但本身特别没有主意，做事情也怕担责任，比员工还害怕承担后果，员工有疑问的时候，他只会说："等我再找上级批示，然后回复你。"这样的"人才"领导会比误以为的"庸才"领导更让人郁闷。

这就是说，只要能够对一件事情敢于拍板，他就超过了普通员工做事情的勇气。况且，对于个人来讲，你可以选择公司。但是，上司是流动的，你不能选择你的上司会是谁。员工的工作归根结底是为公司的利益，也完全围绕着企业的管理者展开，要懂得领导真正的作用是什么，做出积极的配合。坦白说，你的行为需要对领导解释。但是，如果老板的决定使你暂时不能够理解，那么就只有唯一的选择，就是保持敬畏之心！

成英华是一个房地产公司的外聘总监，在商场打拼多年。照理说，员工本来是很佩服他的。可是，随着不断接触，员工们发现关于房地产的分析，很多成英华都不懂。当员工向成英华汇报的时候，成英华根本就不会仔细研究员工递交的数据，也从不检查公司财务做的账目。

还有，公司有大客户看房子的时候，客户提的问题都很专业，成英华经常是让手下的得力人员去回答问题。直到要决定生意是否合作，成英华才会出马决定。财大气粗、给出优厚条件的客户，成英华未必会和他签约；而有的客户，大家觉得给出的条件一般，成英华反而会去签约。

于是，员工们最不明白的问题就是：为什么这样的"庸人"可以坐在这么高的位置上。后来发生的一件事情，更让大家费解。

公司拿出了一笔资金投入一片地产，根据辛辛苦苦的分析和严谨的推论，大家一致认为选择 A 地区，具有很大的升值空间。可是，成英华却看中了 B 地区。大家一考察，发现 B 地区人口稀少，房地产发展机会渺茫。即使房子建好了，也可能没人来住。

但是，成英华决意投资 B 地区。他认为，B 地区有着天然的优势，很多城市的人们都厌倦了城市里的喧嚣和忙碌，一定会喜欢在 B 地区安置生活。

两个方案各有利弊，大家争议了很久。但是，因为 A、B 地区都有客户竞争，成英华便毫不犹豫地拍板投资 B 地区，这让大家非常气愤，觉得成英华一意孤行。后来，甚至有几个专业知识特别丰富，早就"瞧不起"成英华的人辞职。

成英华很平静地给员工办理了离职手续，用领导的魄力解决了这样一个状态。他在开会的时候，只说了简短的几句话。他告诉大家，他敢于有这样的判断，也敢于承担任何后果。他本人不愿意多解释，因为在成果没有出来之前，一切都是枉费心思。

果然，过了不到一年，形势发生了逆转。随着城市包围农村，为了迎合城市人的生活，成英华在 B 地区开发了农家乐，越办越火，取得了重大的成果。由于 B 地区是低投入、高收入，收入就远远超过了投资 A 地区的收益，让曾经质疑的人也刮目相看。

大家这才明白，原来错的人是自己，庸人也是自己。领导之所以成为领导，重要的不是专业知识，而是面对抉择的时候，能够有决断的勇气、高瞻远瞩的眼光！

和领导保持绝对的距离

领导就是领导，无论他多么赏识你、看重你，你都不能和他走得太近，都要保持绝对的距离。

李钟然是林主管打球时认识的，后来他就被林主管看中，来到了公司。

李钟然和林主管打球的时候，就发现林主管为人的特点。比如说，天太热，需要买水，林主管从来不掏钱。李钟然买回来后，他只说声谢谢，拿过水就喝。抽烟的时候，也总是抽别人的烟。通过这些观察，李钟然看出林主管是一个非常爱占小便宜的人。于是，进入公司之后，他便更加给林主管便宜占。

周六、周日的时候，李钟然不但陪林主管一起打球，而且还常常请客吃饭。每次李钟然出差回来，从来就没有空着手去看过林主管。终于有一天，酒过三巡，林主管非常高兴，他真诚地拍着李钟然的肩膀说："兄弟，在咱们公司，我把你当成自己人一样。"

这让李钟然非常兴奋，赶紧拜林主管为大哥，而林主管拿到了好处之后，也总要"意思意思"。一次，趁经理高兴的时候，林主管就替李钟然说了几句好话，李钟然的薪水很快就被提上来了，果然是"兄弟情深"。

李钟然也经常在发工资的时候，买点好酒好菜去林主管家里吃饭，就像在自己家里一样。可李钟然这个人有一个非常不好的嗜好，就是好赌。有一次，他输了钱竟向林主管的老婆借钱。

林主管本来就是那种一毛不拔、净占别人便宜的铁公鸡，对李钟然凭着和他有点交情就随意打自己算盘的做法相当恼火。他心里想，烂泥扶不上墙，就想暗暗和李钟然断绝来往。但是，林主管同样是一个非常有心计的人。他表面上很平静，对李钟然说："我刚把钱借给了我老家的妹子，对不住你了，兄弟，有困难找别人借借看。"

谁知第二个月，李钟然发生经济危机时再次偷偷向林主管的妻子提出借钱。林主管当然不愿意，又以种种理由推卸。可是，李钟然又前后多次去林主管家借钱，真让林主管怒火中烧。

结果，李钟然拿到了一张辞退通知，理由是李钟然的一次迟到。对于这次迟到的处罚，林主管没有罚李钟然的钱，只是"语重心长"地对李钟然说："兄弟，你的迟到，我管得了，可以不罚你的钱。但炒你是经理的意思，我也无能为力。"

哪个领导不会演戏？尤其在李钟然面前。林主管在李钟然感激涕零的时候，果断地开除了这个"兄弟"。

如果李钟然在与林主管交往时能适当地保持距离，也就不会被辞退。在职场，任何时候与领导交往都要保持冷静，与领导交往过密往往会给自己带来意想不到的危险。领导就是领导，保持适当距离就是对自己最好的保护。

如何应对"多头管理"

当你的领导不是一个人的时候，你应该听谁的？怎么办？这就是一个非常现实的经常摆在人们面前的问题。只有正确解决，才不会让自己被这个关口给"卡死"。

黄经理和杜经理闹了矛盾，起因是由于公司并购导致人员增加，公司决定搬家，换到面积更大的办公室。这一次，在新办公室的装修风格上，黄经理和杜经理的意见又有不一致的地方。

由于公司新并购重组，各种成本都居高不下，所以，这次新办公室的装修费用很有限。黄经理觉得：应该把有限的费用花在员工个人的办公空间上，优先满足员工的办公舒适度。杜经理认为：公司要注重对外形象宣传，装修应该首先把公司门面、接待室等对外形象方面做好，剩下费用再搞其他。

这时，具体操作工作落到了两个员工身上，一个是魏敏佳，一个是关天鹏。关天鹏是一名非常耿直的员工，面对领导意见不统一，他竟然和黄经理吵了起来，给人留下了"不好管"的印象。

杜经理心想，关天鹏今天跟黄经理过不去，明天会不会跟自己过不去？自己如果重用关天鹏，是否会令黄经理下不来台？这些考虑使关天鹏成为"两虎相争"的牺牲品，一个经理用开除关天鹏的办法向另一个经理送人情。

魏敏佳能够理解经理的改革思路，并不以自己一时的得失决定支持哪位经理。她以一种旁观者的清醒，预见到被卷进权争之中的后果，警告同事不要一时糊涂。而且，她积极地想办法，终于有了一个方案。

她并没有马上去找任何一个总经理商量新办公室装修的事情，而是在公司内部发了一份会议通知，主题是让各部门经理就新办公室装修问题讨论发表意见。她已经按照杜经理对新办公室的装修意见，做成装修设计方案，在会议中让各部门经理针对这个设计方案来展开讨论。也就是说，新办公室的装修重点在门面装饰、对外形象宣传上，员工个人办公区域则尽量简单化。

当然，会议讨论之后，还是各个部门各有想法。会后，魏敏佳完整地记录了各部门经理对装修问题的意见，把总结报告同时抄送给两位经理。

接着，魏敏佳找到黄经理汇报工作。关于新办公室的装修事宜，各部门都有不同意见，而且各自僵持不下，不能达成共识。黄经理只能让魏敏佳把新办公室装修的事情搁置一阵。

经过上次的讨论会议，各部门经理都知道了这次新办公室装修费用有限的事实。于是，他们都在通过各种途径为自己的部门争取更大的利益。杜经理觉得，也该考虑员工的感受。

最后，魏敏佳看时机到了，就向杜经理与黄经理递交了一份新的办公室装修方案，在尽量少花费用的前提下，满足了加强门面装饰、公司形象宣传和员工个人空间舒适宽敞的要求。结果，新方案得到两位老板的一致同意和赞赏！

目前，很多公司把这种"多头管理"行为看做是办公室政治的一种，在这种情况下，下属通常会成为"政治"的牺牲品。所以，当"多头"给出几种不同的任务指令时，如果不想牺牲自己，首先要有这样的态度，那就是一定不要擅作主张，否则责任只能由自己一个人硬扛。"多头"意见不统一的时候，下属怎样做都会得罪其中一方。所以，唯一的处理办法就是努力让他们的意见统一。

其次，本着对工作负责的态度，应该从实际工作的具体情况出发，给上级以必要的信息和提醒，并分别与各位领导在私下说出该领导和另一位领导意见的合理地方，并综合他们的合理之处，说出自己对这个问题的具体建议，让他们都能考虑实际情况和对方的意见。

当然，一定要注意的一点是，要正面、积极地思考问题。当面对多个领导的时候，不能逃避，要学会使用成熟、理性的方法看待问题，这样才能帮助你在公司的"权力斗争"中立于不败之地。退一步说，即使因为不能解决这个问题而跳槽，如果新单位再出现同类情况又该如何应对呢？

正面思考的意义就在于，要相信领导不是傻子，领导也不会故意和员工过不去，只是他必须也需要提出自己的意见，证明自己的存在。所以，认真分析出合理的建议，再互相沟通，才是正确的做法。

越迫在眉睫越要从容

职场中人可以没有精明的头脑，也可以没有独特的手腕或口若悬河的谈吐。但是，无论你从事的是哪一行，都应该让自己沉住气，不要太急于求到自己内心的一个答案。因为当你着急想把心中的圆画圆的时候，你手下的圆就会开始走形。在职场中，问题越是迫在眉睫，从容就越显得重要。

陈丰悦与刘刚刚同时进入公司客户联络部，工作了一段时间后，他们两人发现公司联络部是个苦差事，甚至有的时候，两人听到电话铃声都产生了条件反射。到了下班的时候，两个人甚至厌倦了说话。

这样大的工作强度和烦琐的工作事务，令人非常劳累。但是，陈丰悦的内心仍有期待。他觉得自己的辛苦工作肯定会有结果的，只要做个一年半载，拥有客户资源，和同事打成一片，这份工作照样可以安身立命。

但是，刘刚刚非常沉不住气。他觉得联络是个非常苦的工作，做好了功劳是公司业务员的，做错了就挨一顿批。于是，在一次和领导的争执中，刘刚刚在被批了几顿后，终于放弃了自己的忍耐，辞职离开了。

但是，陈丰悦还是很能沉住气。他觉得，工作就应该进行到一定的程度再来要效果。于是，一年后，陈丰悦的业绩在客户联络部已排前列，这份响当当的成绩已经得到了公司的认可。后来，甚至还发生了这样一件事，那就是客户联络部主管带着三名同事一起跳槽，部门资格最老的陈丰悦一个人担起了联络部所有人的工作，每天忙到 11 点下班，辛苦到了极限。陈丰悦用这样的付出证明了自己的实力和忠诚。

可是，就当陈丰悦按自己的规划走到这一步的时候，老板的反应实在让他难以理解。领导既没招人，也没给陈丰悦升职加薪，只是从别的部门调了两个临时工帮助陈丰悦撑着。忙了两个月后，满腹委屈的陈丰悦向人事部门递交了辞职申请。

陈丰悦走后，有一天发短信给以前的同事问好。人事部的主管接到短信非常激动，他觉得陈丰悦走了还不忘旧友，于是就多了句嘴，对陈丰悦说："陈丰悦啊，当初领导不招人也没调新的主管，就是想考察你的组织管理能力是否胜任主管一职。给你派了两人，看你怎么安排能够用三个人顶上以前的五个人，就算你带的两人再加上你，干不好这份活，可好歹也撑上三个月。没有合适的人选，这个职位还是你的呀。"

听完这些话，陈丰悦忍不住埋怨自己："到最后，还是太急于得到圆满的答案，没沉得住气，以至于导致了缺憾。"

很多时候，尤其是在遇到职业发展的瓶颈时，如果不解开这个瓶颈，就无法铺就为下一个成功而打拼的台阶。所以，这时候，有的人就非常着急，觉得自己应该迅速给自己的发展找到答案，马上能够获得更好的职位和更高的薪水。

但实际上，这样的做法就是太急功近利，由于缺少对职业发展规律的认知，没有意识到职业发展的连续性、持续性、不可中断性，导致刚刚建立起来的核心竞争力迅速流失。大部分的人对自己进行再定位的时候，都会出现一些偏差和问题，例如定位模糊，或找不到切入口，或实施起来力不从心等等，这些都给他们攀登更高的目标带来很大的障碍。在这样的状况下，人们很难从职业中获得收益，付出的时间成本和心理成本也是相当大的。

正确的做法是，不必急于完成自己的目标，静下心来好好分析自己在能力方面有哪些优势，然后将这一优势与自己的职业能力等方面结合起来。结果，很有可能找到你对自己的深层的认识，找出这份工作究竟适不适合你的心中所想。一个适合自己的职业和长远的规划才是解决问题的真正良方。

被领导批评怎么办

每一个人不可能永远不犯错误。犯了错误之后，有人能及时地提出批评意见，这就是犯错误者的福气。如果没有人及时地指出来，我们也许就不知道自己犯了错误，就会在错误的道路上越走越远，甚至毁了自己的一切。

有人提出了批评，不管我们接不接受，至少批评让我们知道自己犯了错误，会引起我们的警觉。只要我们注意，那么，我们在今后的生活里就会少犯或不犯同样的错误。其实，批评在工作中与赞美一样，都是不可或缺的。

有一天，领导直接冲到办公室，把洪元力喊了出来："你谈的大客户被人抢了，你知道吗？你是怎么跟的？这么重要的事情，你居然等我来告诉你！"

洪元力没有丝毫的慌乱，也没有马上认错。他很平静的原因在于他知道客户流失的真正原因，而且，他相信领导也不会不了解这样一个情况——那就是在一个商业的现实的交易中，洪元力的公司给出的价格非常低，即使他的态度再好，也照样留不住客户。而对手公司给的价格奇高，所以客户的选择是正常的。

重要的是这个情况洪元力已经向领导汇报过了，而领导也向大领导反映过这个问题。但是，由于大领导迟迟没有回应，因而导致失败。洪元力知道领导的怒气可能来源于大领导的迟钝。所以，他并没有特别紧张。

他知道，订单丢了，领导在公司高层那边很有压力。领导要推卸责任，理所当然地就让员工成了替罪羊，这种责难跟你的业绩或人格并没有什么密切的关系。

洪元力这时想到反击和丢下烂摊子撒手不管都是不明智的。于是，他很沉着地对领导说："我非常希望为公司拿下订单，但很遗憾没有做到。但你看，我们是不是先坐下来讨论一下怎样更好地向老板解释？"

听到这句话，领导的态度也缓和了。他看到洪元力能够想到和自己站到同一条战壕，共同思索面对大老板的应对方案，于是，也不再生气，而是一起商量对策了。

你看，面对无端的指责，洪元力一句话就化解了领导的怒气，也找到了解决问题的方法。所以，不要一挨骂就吓自己，不要这么想："今天挨领导骂了，他是不是对我失去希望了呢？我是不是要失去工作了呢？"面对批评，一定要有这样的智慧，那就是：钝感＋敏感＝趋利避害。钝感就是感觉迟钝。对上司的一句批评、同事的一个恶意眼神，这时需要钝感，不能让这些消极的情绪影响到我们的工作。然而，对于被指出的工作错误、各种解决问题的途径等任何能提高工作能力的地方，就应该保持敏感，学会在工作中不断地积累经验，让自己有所成长与提高。

做老板喜欢的类型

无可否认的是，老板们还是喜欢和自己一样喜欢公司，期盼公司成长，并付出巨大努力的员工。所以，作为员工，应该学习老板的优点，要用心地发现他的优点，并告诉自己，你又获得了一次学习的机会。这样的心态，让老板的强大对自己不再是压力，而成为一次获益的机会。

成刚强在一家业内闻名的设计室上班。

对于他的发展来说，重要的是成为设计室的骨干人物，因为这家设计室的创始人有着全国一流的设计思想。而对于设计室来说，成刚强懂得，如果做一名小兵，永远都打不开自己的思路，也永远只是一个没有进步的执行者。他觉得已经接触到了一流的人物，那么就要接近自己的领导，拓展自己的发展之路。

这家设计室的领导高先生是一个严肃得一丝不苟的人，虽然他也会定期和同事们一起聚餐。有一次聚餐的时候，高先生的妻子也在，于是就随口说了一句："前两天，我叫老高和我一起来这儿吃饭，他还不答应，说等着和大家一起吃。"

凡是和高先生有关的事情，成刚强都会非常用心听。是的，他想起了原本订的聚餐时间是昨天，但改到了今天，是因为昨天工作室人数凑不齐餐厅的优惠要求。而为了优惠，高先生就调整了日期。

成刚强看到了高先生的做事风格，因为高先生是白手起家。据说，当他的设计作品不被认可的时候，曾经到处借钱，还免费给人设计，吃了很多苦头。如今，虽然高先生有了很高的声誉，但他依然保持了以往的节俭作风。他唯一一次的玩笑话，就是说要"少吃饭，多工作"。有时候到了中午，一个煎饼就解决了他的吃饭问题。

成刚强根据自己的观察，找到了一个时机。有一天，高先生给他钱，让他去订桶装水。成刚强认真地比较了一下桶装水的价格，决定了一家。然后，他又利用长期订水的优势，争取了一定的优惠条件，随后，才拿着节约下来的钱敲开了高先生办公室的门。

成刚强也注重行动上的一些细节，比如，他养成了随手关灯，不用电脑的时候就关闭显示器的好习惯。有一次下班走的时候，高先生看到成刚强正在检查所有人的显示器，直到所有人的显示器都关闭了，再关好灯出门。

这些和高先生一样的习惯，果然引起了高先生的好感。

不久，成刚强就被提升为组长，负责管理大家的日常工作。高先生也亲自指点成刚强进行设计，放心地让成刚强发挥自己的创意，然后去领导设计室其他人的工作。

做老板喜欢的类型，不光是为了公司，更是为了你自己。

常在领导的视线里

很多人可能都抱怨过"得不到领导的赏识和重用，怎么努力领导也根本看不见"。可是，当老板对面有一个空座儿的时候，你不坐，偏要缩着头躲在角落里。却不知，想要领导注意和赏识自己，就得不怕抛头露面，就得在领导视线里晃悠，就得在与领导的交谈中多方面地展示自己。

想在职场中得到更好的发展，必须要有这样的魄力，记住这样的一句话：你不是老鼠，领导也不是猫，没有人吃得了你。

文尔刚是公司中少有的在和老总相对而坐的时候，高高地抬起头，迎着老总的目光侃侃而谈的人。而老总最欣赏的类型就是这种敢于面对挑战，从来没有畏惧之心的人。而且，工作中出现问题，他向来临危不惧，具备坦然的气质。是与生俱来的不怯场的性格和能言善辩的才华给了文尔刚足够的勇气。

最早引起领导注意的是，每次开会，当大家都四散坐定的时候，文尔刚总是坐在老总的对面。正是因为选择老板正对面的位置坐下，文尔刚和老板的视线保持在同一条水平线上。谈到一些事情的时候，老板总是会与他有更多的眼神交流，也会耐心地听文尔刚发言。

其实，文尔刚初到公司的时候，他发现一个现象，那就是每次开会，其他同事都会早早地往会议室跑，大家找好座位就坐下了。而当文尔刚去的时候，会议室已经满满当当，只剩下老板对面的一个空座儿。

本来，文尔刚想着自己刚到公司，不要太出位，随便找个角落坐一坐算了，但又觉得自己没犯错误，没必要坐在角落里灰头土脸。于是，他干脆就坐了老板对面空着的那个空座。会议开始了，老总展望公司未来，滔滔不绝，口若悬河。

正巧文尔刚坐在老总的对面，老总于是就更加关注到文尔刚的反应。当老板提出一个问题的时候，发现文尔刚露出了思索的表情。正巧文尔刚是新来的员工，老总就让他谈谈想法。没想到，文尔刚机智的言语让老总在瞬间就记住了文尔刚的名字。于是，老总就特意为文尔刚安排了让很多人都很意外的工作，这给了文尔刚更大的信心。

不多久，老总就将文尔刚升为总裁助理，这份工作给了文尔刚更好的发展机会。他可以管理公司内部的人员，处理公司与外部的关系。而开会时，老总对面的空座儿也成了文尔刚的专座，似乎约定成俗了。

每当老总委派任务的时候，文尔刚总是在老总面前拍板保证。后来，文尔刚深深地感觉到，工作虽然责任更大，任务更重，但限制与压力却因为权力的提高而变小。所以，他一直不断激励自己，化目前的压力为动力，去发展自己的管理才能，去拓展自己的活动空间。

看了上面的故事，你是否明白老板对面的空座的重要性？要想成为老板眼中的红人，就要多在领导的视线范围内展现自己。这样一来，你就永远都比别人多一次机会。

让上司有安全感

很多人都厌倦领导的"提防之心"，但作为一种客观存在的现象，每一个职场人可以厌恶、蔑视，却无法回避。对于个人而言，无论能力多强，无论内心是否有"争功"之心，在没有十足的把握之前，都必须调整自己的言行。尤其是做出成绩的时候，几乎所有的老板都讨厌看见一个喋喋不休地夸耀自己的员工。请记住，一个人的能力即使自己不说，业绩出来，所有人也都会看到，

某公司准备上市，但缺乏国际化人才。董事会决定打破常规，从外面引入一名具有国际工作经验的人才。从外资企业被挖过来的高级经理人温东成为公司的市场总监。

温东长期在外企工作，说话做事都非常直接。刚到公司的时候，他就对公司提出了很多的意见，引起了很多人的反感。但是，温东不以为意。他认为公司聘用他，只要自己将公司的市场业绩提高，一切都可不必计较。

当大伙正为温东的作风而议论纷纷的时候，总经理屡次公开表

态支持，让温东感觉到内心踏实。接下来，温东进行了许多市场革新，基本将他在外企中所操作的那套成熟的运营模式搬了过来。温东的很多方案甚至没有得到总经理的批示，就直接施行。但是，总经理并没有怪过温东。

甚至有一次，在总经理拟定整个推广计划之后，温东突然提出新的建议，想启动全新的销售推广手法。他的想法几乎否定了所有人前面的工作，而且由于从未有过先例，所以存在不小的风险。

总经理虽然不太同意在如此匆忙的时间内进行全盘调整，但看到温东如此坚持，也就勉强同意了。后来，令人遗憾的是，温东的方案失败了，公司损失惨重，业绩相对以往非但没有提高，还有所下降。

董事会将总经理狠狠批评了一番。出乎所有人意料的是，在董事会严厉的责问面前，总经理竟然一口将所有责任承担了下来，替温东扛过了这一关。这让温东非常惭愧。后来，温东做了具体的市场调查，终于在下一次的市场表现中，令公司取得了重大的业绩。

董事会再次召开了会议，总结经验，表彰"功臣"。会议结束后，在盛大的庆贺晚宴上，温东喝了很多酒，说话就变得非常随意。他当着很多人的面说："这次的成果其实也不算什么，我以前做的开发比这次有成果的多得多了。只不过，在公司，很多时候工作受到限制，还没有完全发挥好。如果给我一个更大的平台，那我会做出更好的推广方案给你们看……"

听到这句话后，总经理意味深长地叹了口气。一个星期后，当温东再次自作主张地行事时，当着公司所有人的面，总经理不留情面地将温东训了一番。自此，温东的方案再也没有被总经理批准过。一个月后，温东终于离开了公司。

温东的话不但伤了总经理的心，更是威胁到总经理的位置。试想，这样的员工又有哪位上司喜欢呢？因此，在公司不要过分地表现出自己的优越感，不要让别人感到你的威胁。只有给别人安全感，你才会获得更大的发展。

锦上添花不如雪中送炭

俗话说：与其锦上添花，不如雪中送炭。每个人对雪中送炭之人总是怀有特殊的好感。某位公司主管如此说："我部门有一位员工，我每次需要帮助的时候，他一定出现。例如，我们部门每次开讨论会遇到思路瓶颈的时候，他总能拿出最好的创意让我们豁然开朗；我有急事需要用车或上班迟到时需要用车，只要我打个电话，他一定会到……这些细节的体现总是让人感动。虽然事情一过去，我们又各忙各的。到了过年过节的时候，我总是给他发个信息或者打个电话问候。"

身在职场上，对身处困境中的上司仅仅有担忧之心是不够的，应给予具体的帮助，使其渡过难关。这种雪中送炭、分忧解难的行为最易引起上司的感激之情，进而形成自己最坚实的人脉。

一位名叫科斯加的商人对自己的成功如此总结道：站在别人的立场上思考问题。他说："当你是一名员工时，应该经常为上司着想，给上司一些同情和理解；当你成为别人的上司时，你要经常考虑员工的利益，给他们一些鼓励，让他们感受到上司在物质上或精神上给予他们的帮助。"科斯加以中年人特有的沉着、冷静，向人们讲述了这则使他从一名售票员成为几家大食品公司股东的成功定律。科斯加还认为，这则成功定律是一种推动力，能推动整个工作氛围的改善。如果一名员工经常站在上司的立场上去思考问题，多替上司着想，对上司给予他这个工作的机会充满感谢，那么他的身上就会散发出一种善意，影响和感染包括上司在内的周围的人。如果你能得到上司与同事们的理解和赞赏，那么你在公司的地位和薪金待遇将不可同日而语。

在每天的工作之余抽出一点时间，为自己目前所拥有的一切而感恩，为自己的工作而感谢上司，真诚地为你的上司排忧解难，想上司之所想、急上司之所急。莎士比亚曾说："朋友间必须是患难相济，那才说得上是真正的友谊。"其实，这也可以推及上下级的关系上去。你的上司即便算不上你的"朋友"，但当你发现他身处困境时，依然会义无反顾地奉献出自己的力量。你带来的也许是他正好需要的物品，正是一份对他的理解与支持。但无论多少，这些对他而言都将如久旱土地上的一场甘霖、冰天雪地里的一盆炭火。而这一场甘霖、一盆炭火，就能让你在众多员工里脱颖而出。

搬掉你面前的"绊脚石"

花青从名牌大学中文系毕业，在积累了两年文秘工作的实践经验后，跳槽到一家外企当文员。他原以为，这家外企的新雇员都是从最底层干起，假以时日，凭自己的文凭和水平十有八九是能被升职的。努力工作一段时间后，他才发觉有劲无处使了：办公室主任不给自己分配工作，别人都累得要死，自己却天天没事做，于是只能主动请缨，没想到上司不是打哈哈，就是置之不理……事后才知道，主任用这招已经"干掉了"若干个对他构成威胁的人才！

若在同一科室、部门，相比之下，自己属于佼佼者之类，但又无足轻重，甚至无事可做。只要犯错，不管大小，上司都劈头盖脸一顿训斥。自己取得成绩后，上司不高兴反而生气。上司不愿意与自己交往，经常没好脸给自己看，甚至在背后老说自己坏话……如果累计三条以上，你就要注意了，这就是上司对你"感冒"的信号。在他手下，你是永世不得翻身的，严重的还要逼你走人！

在职场，升职就意味着对你工作能力、水平的认可，也是加薪的主要途径。因此，锲而不舍地追求升职就成为职场人奋斗的主要目标之一。尽管你十分努力，但由于上司的个人因素造成优秀的你该升没升，这是最令人沮丧的事情。失意的你，在看了上面的案例后，应及时甄别自己是否处于无望升职的境地，努力避免在一棵树上吊死，果断转身，寻找更适合自己的发展空间，或许就会"柳暗花明又一村"了。

面对"绊脚石"，上司可能会有三个选择。

选择一：处处跟他作对，拉帮结派拆他的台，造他的谣，到他上司那里告他的黑状，让他做不下去，自动或被动滚蛋。这条不大靠谱。须知杀敌一千自损八百，你跟他斗来斗去，影响业绩和单位形象，自己也受损失。其结果很可能是：他被老板炒了鱿鱼，你也得卷铺盖走人。

选择二：努力配合他做好各项工作，做出成绩来。在各个方面突出他，会引起更高层的注意，力促他升迁。他升迁之后，你接替他岂不是顺理成章？而且，他坐到了更高的位子，作为他从前的亲密战友和得力助手，他对你能不照顾吗？

选择三：联系猎头公司，帮他找一个更好的公司，有更好的职务和收入。他走人，你替补。这跟第二种方法有异曲同工之妙。区别可能在于，你在本单位少了些支持，但他有了新的圈子后，会有新的人力资源。于是，他的人力资源也就成为你的人力资源。当然，前提是你要跟他维持不错的关系。

处理好领导交给你的私事

在一般情况下，如果上司让你帮忙做一些私事，是对你的信任。至于要不要帮领导办私事，要看你跟领导的关系，是纯粹的上下级关系，还是你们之间私交也不错。如果你跟领导没什么私交，就要看领导让你办的私事，会不会影响到你的工作或生活，或者会不会超过一般的人情世故的范畴。小如交电话费、帮忙去拿或送点东西这类事情，偶尔为之问题不大，但不要当成习惯。否则，你慢慢地就变成跑腿的了。

大的私事，涉及你家人的，则除了要看事情本身之外，还要看领导的为人。假如是你的家人，不需要花很大的力气就可以帮上忙的，领导也是为人比较宽厚的，你自己心里自然有一杆秤，知道哪些该帮哪些不该帮。如果领导觉得利用你的人脉是理所当然的，或者需要办的私事是让你的家人非常为难的，则要尽量委婉地加以拒绝。注意技巧，不要让对方觉得难堪，影响工作。拒绝的时候，口气要温和，恰如其分地表达自己的难处。

帮领导办私事无可厚非，这也属于同事间沟通的一个方面。最主要是有来有往，互相帮忙。如果只是纯粹地帮领导干私活，领导从来不肯帮你办私事，那就等于把上下级关系搬到了生活当中。如果你从中感觉到压力，为领导老找你帮忙办私事而心烦，甚至想逃避，就表示事情已经超过了界限，应该及时开口说不了。

但不少时候，领导可能只是从同事的角度，需要通过你的人脉关系帮忙办些私事。假如你觉得自己帮不上忙的话，可以坦白地和领导讲清楚自己的理由，或者讲清楚可以帮到哪个程度。不要一边不敢拒绝，一边又心不甘情不愿的。如果你的领导是一个开明的、有素质的领导的话，是会理解你的，不会把这些事情放在心上。

值得提醒的是，你不要为了讨好领导，主动帮领导做各方面的私事。因为领导没有开口之前，你主动帮忙，有可能会犯了忌讳而不自知。此外，没有能力办好的事情，也不要乱包揽，做砸了反而让你吃不了兜着走。长期为某个领导办私事还有可能引起其他同事的误会，如果有一天遇到晋升或者加薪，别人不会关注你的工作能力，而会怀疑你是和上级搞关系才有今天的成果。

几招对付职场"冷暴力"

所谓"职场冷暴力"，即指上司或群体用非暴力的方式刺激对方，致使一方或多方的心灵受到严重伤害的行为。其主要体现在让人长期饱受讥讽、漠视甚至于停止日常工作等刺激，使人在心理上压抑、郁闷。比如精神虐待、心理战、人与人之间的冷漠无情、自尊的伤害、"穿小鞋"、逼人自动辞职的各种手段等。

职场冷暴力既然有时避免不了，让我们碰见了，就不能漠视，一定要重视并且通过一些有效的方法来解决它。一旦遇到职场冷暴力，你可以试试以下方法：

沉着冷静型：以"冷"治"冷"

如果领导漠视和忽略你，就要清楚自己的问题所在。如果不是自己主观心理太过狭隘的话，完全有理由对领导说"不"。无论谁都别惯他的臭毛病，对他完全可以以冷治冷，以其人之道还治其人之身。但有一点，一定要加强自己的业务，不要让他抓住什么把柄。同周围同事要搞好关系，建立自己在职场上的威信。即便是领导对你再有意见，你做得让群体都无可挑剔，那么他再跟你作对，他就太不识实务了。

还击型：做真实的自己，该出口时就出口

如果跟领导发生了争执，彼此双方心存芥蒂了，有时直截了当地说出自己的诉求也非常重要。该出口时就出口，千万别闷在心里，让自己抑郁。不争做职场千面脸，轻轻松松做自己。如果你能够在职场上生存下来，那么目光短浅的人才会迎合领导而改变。如果实在不堪忍受，换个东家也没什么大不了的，千万别让一时的冷暴力从此摧毁你的十足自信和光明前程。

反客为主型：团队力量大

人都是活在群体中的。放下自己的清高，豁达开朗些，也是与人为善之道。而且与时俱进，培养时下流行的大众喜好，也可为自己的娱乐生活增添一份情趣。团队力量大，别让自己太"孤立"，做好这方面的功课，并不是趋炎附势、唯利是图的作风。如果不能和上司和平共处，也不能融入同事圈中，种种"冷暴力"不仅让你孤单，也会让你失去更多应得的利益。毕竟没有永远的同事，只有永远的利益。

第五章　职场竞争中的生存智慧

感叹怀才不遇是通病

似乎每个地方都有"怀才不遇"的人，这种人有的确实怀才不遇，因为客观环境无法配合，但为了生活，又不得不屈就，所以痛苦不堪。虽然有时千里马无缘遇到伯乐，但这种情况主要还是自己造成的。自以为有才华的人常常自视过高，看不起能力、学历比他低的人。可是，社会上的事很复杂，并不是你有才能就可以得其所。别人看不惯你的傲气，就会想办法修理你。

而另外一种"怀才不遇"的人根本是自我膨胀的庸才，他之所以无法受到重用，是因为他的无能，而不是别人的嫉妒。但他并没有认识到这个事实，反而认为自己怀才不遇，到处乱发牢骚，大吐苦水。结果呢？有的辞职，有的外调，干的还是小职员，有的则还在原单位继续"怀才不遇"下去。

大多数时候，我们会高看自己的能力，同时也容易把别人看得很低，也就是我们习惯用自己的优点去对比别人的缺点。一旦有了这样的心态，在公司就很难融入集体，总是觉得别人不如自己，觉得别人过于庸俗。

老子说：海纳百川，有容乃大。即使你真的是能力高于别人，在现代社会如果学不会协作，那也是成不了大气候的。更何况，这世上真正被人们称为天才的智者本就不多，我们自己的怀才不遇更多的只是一种错觉吧。有了这种错觉，就不愿意踏踏实实地做小事，"敬业"二字，自然也就不会放在眼里。一个不敬业，不愿与人协作的人，又怎么可能被委以重任？这样的人又怎么可能不怀才不遇？

是金子就会发光的，才华是不可能被埋没的。世间有伯乐，你就是自己的伯乐。

A和B毕业于同一所大学，而且也是几乎时进入同一家企业的同一个项目组。在最初的一两年时间，别人看不出他们有什么区别，但项目组的其他成员和上司却早已清楚A与B的不同的工作方式和处世风格。A是一个乐观积极的人，他总是在遇到困难时积极寻求解决的办法；而B很聪明，善于预见问题并在问题出现后说明与自己无关。几年的工作中，他们一直是同学、朋友和搭档。但几年后，A是越挫越勇，而且也在这个过程中积累了丰富的经验，同事和上司都很看好他；B则养成了知难而退的习惯，总是得意于自己的小聪明，但也因此受到上司的批评，同事们也不喜欢他，工作也没有什么提高，从未能独当一面，在生活上也是很不如意。

为什么在相同的条件下，A伴随着困难迅速成长起来，而B则面临被淘汰出局的危险呢？相似的教育背景、相似的企业环境、相似的成长历程，由于个体的不同，他们之间产生了相当惊人的差距。由此看来，个体的不同是造成这种差异的根本原因。这其中起主导作用的并不是个人的才华，而是每个人对待工作和生活的不同态度。

不可否认，有的人确实会因为环境或者其他的原因，而暂时不能得到施展才华的舞台，但这并不是就可以大发牢骚、怨天尤人，感叹"怀才不遇"的理由。我们常说"机会总是留给有准备的人"，何不把这当做努力的动力，积极地做好准备，一旦机会降临，你就可以大有作为。"怀才不遇"往往是一种消极的工作态度，这种态度对工作有百害而无一利。"怀才不遇"感觉越强烈的人，越把自己孤立在小圈子里，无法参与其他人的圈子。这样一来，显然不利于工作。因此，这种心态千万别带到公司去。

要记住，"怀才不遇"是失败者的借口。诚然，这社会上有许多不公平的事，而打破它的方法，是加倍地努力，以求出头，使自己更富有能力。长期抱有"怀才不遇"的偏见，只会使人变为真正的外强中干。

让你的工作无可挑剔

职场竞争其实就是工作态度和工作能力的竞争。如果一个人能够通过努力，把自己的工作做到无可挑剔，那么，他不仅仅不会被竞争对手所打倒，而且还会备受领导的青睐和重用，这样可说是收到了不战而胜的效果。

让你的工作无可挑剔，就意味着要把工作做得很完美。这需要很高的敬业精神及非常认真的工作态度，同时还要做事一丝不苟，对待小事和对待大事一样谨慎。

"不积跬步，无以至千里；不积小流，无以成江河。"生命中的大事皆由小事累积而成，没有小事累积，也就成就不了大事。人们只有了解到这一点，才能懂得关注工作中那些以往认为无关紧要的小事，培养做事一丝不苟的美德，成为深具影响力的人。是否具备这项美德，足以让生命产生天壤之别。

每一位老板都知道这项美德多么少见，找到愿意为工作尽心尽力、一丝不苟的员工是多么困难的一件事。不良的作风在公司四处

119

蔓延，而无论大事、小事都尽心尽力、善始善终的员工却极为罕见。

尽管我们进行了多次社会改革，但思虑欠周、漫不经心、懒惰成性等恶习依然泛滥成灾。在庞大的失业和无业队伍中，有相当多的人或多或少沾染上了这些毛病。他们如果不能意识到自己的不足之处，并且努力加以改正的话，往往无法得到一份令人满意的工作。即使得到了工作，也会被那些能一丝不苟工作的人挤出工作岗位而失业。

"适者生存"的法则并不是仅仅建立在残酷的优胜劣汰的基础上，而是基于倾心敬业、认真工作这一原则的，它是绝对公平原则的一部分。若非如此，社会美德如何能发扬光大？社会又如何能取得进步？

有一位退休的老员工告诫他刚参加工作的儿子说："无论未来从事何种工作，一定要全力以赴、一丝不苟。能做到这一点，就不会为自己的前途操心。世界上到处是散漫粗心的人，那些善始善终者始终是供不应求的。"

有许多老板，他们多年来费尽心机地寻找能够胜任工作的人。这些老板所从事的业务并不需要出众的技巧，而是需要谨慎、朝气蓬勃与负责的态度。他们聘请了一个又一个员工，而这些员工却因为粗心、懒惰、热情不足、没有做好分内之事而频繁遭遇解雇。

许多人无法培养一丝不苟地倾心于自己工作的作风，原因在于贪图享受，好逸恶劳，背弃了将本职工作做得完美无缺的原则。

有一位年轻人几经努力终于进入了一家很不错的公司。但在具体工作安排上，员工管理部门为他安排了几个工作岗位，他都不满意。有的岗位他勉强留下了，也是漫不经心地工作。结果是，不到一年，他便被公司辞退了。

不知道什么样的工作才能满足这个年轻人的要求，他可能要为找到自己满意的工作而永远地找下去，直到人老体衰什么都干不了为止。

现实中这样的年轻人不少，他们认为成功者都碰到了好机会，却不知道成功者其实是从干好每一件小事开始的。

他们甚至也不知道职位的晋升是建立在忠实完成工作职责的基础上的。事实上，如果你不尽职尽责地完成你的工作，你在老板眼里就永远不会获得价值的提升。但与此相反的是，很多年轻人在求职时常这样问自己："做这样平凡的工作，会有什么发展前途呢?"但是，巨大的机会往往蕴藏在平凡而低微的职业中。

一个人成功与否，取决于他是否做什么都力求做到最好。成功者无论从事什么工作，他都绝对不会轻率疏忽。因此，你在工作中必须以最高的规格要求自己。能做到最好，就必须做到最好，能完成100%，就绝不只做99%。这种工作作风与你的工资毫无关系，因为任何一个从事工作的人都应该把自己视为一位艺术家而不是工匠，应该永远抱着热情与信心去工作。

只要你把工作做得比别人更完美、迅捷、更准确、更专注，你就永远不会被淘汰，你就能在职场竞争中永远立于不败之地。

总比他人干得更出色

每个职场上的成功者都是在现有条件下干得最出色的人。

如果你想在公司里获得最优秀员工那样的成绩，办法只有一个，那就是比其他员工更积极、更主动地工作。

在许多人的潜意识里，总认为公司属于老板，自己是替老板打工的，再有热情，再有业绩，得好处的还是老板，与己无关。存在这种想法的人很容易成为"按钮"式员工，天天按部就班地工作，缺乏活力，有的甚至趁老板不在就没完没了地打私人电话或无所事事地遐想。这种想法和做法是在自毁职场前程，今天的失业大军中有很多就是这种被淘汰下来的人。

任何时候，在任何情况下，你都要使自己成为最看重自己事业的人，最关心公司经营状况的人。所以，作为员工不要吝惜自己的私人时间。除了自己分内的工作之外，应尽量找机会为公司作出更大的贡献，让公司觉得你物超所值。

另外，任何工作都存在改进的可能性，抢先在老板提出问题之前，已经把答案奉上的行为是最得老板之心的，因为只有这样的职员才能真正减轻老板的精神负担。工作交到老板手上后，他就不用再为此占用大脑空间，可以腾出更多的精力思考别的事情了。

西方一位著名企业家曾说："我欣赏的是那些能够自我管理、自我激励的人，他们不管老板是不是在办公室，都是一如既往地勤奋工作，从而永远都不可能被解雇，也永远都没有必要为了加工资而烦恼。"

可以说，那些在事业上做得比别人更好的人都对自己要求非常严格，而不用别人来强迫或督促。要想达到事业的顶峰，就不能仅仅在别人注意你的时候才装模作样地好好表现一番，任何真正的成功都是厚积薄发、积极进取的过程。

要想达到事业的顶峰，你就要具备积极主动、永争第一的品质，不管你做的是多么普通、枯燥的工作，都要做好自我管理，把工作做到位。只有这样，你才有机会成为最优秀的员工，因为勇于负责、令人信任始终是成功人士的特质。

只有积极热情地工作，才会获得幸运之神的垂青。要善于寻找一切工作的机会，积极主动、超额圆满地完成老板交给你的任务。这样一来，你不但可以成为一个最优秀的员工，甚至可以成为一个优秀的管理者。

提升自己不被别人超越

职业能力是企业发展的动力，也是自己参与职场竞争的最大本钱。员工只有不断提高自己的业务能力，才能使自己在职场中立于不败之地。但是，没有哪一种能力是万能的，可以适用于各种职业。因此，每一位员工必须清楚自己必须具备的能力，以及促使自己表现非凡的能力。

一个刚刚毕业的新职员往往比那些懒于学习的老职员更受老板欢迎。同样，如果他在工作中不勤于学习，他也会被拥有最新知识的人所取代，这就是职场优胜劣汰的规律。所以，要想在职场中站稳脚跟，就必须认真地对待工作，在工作中总结经验，学习最新的知识，并把它应用于工作中。只有这样，你才能不断地获得成长，为自己规划出理想的职业生涯。

在一个公平的社会里，有的人之所以获得重要角色，是因为他们已经具备必要的能力。假如你的职业生涯计划包括工作升迁，就要有胜任新工作的能力和能够迅速取得新能力的方法。为取得新的能力，你必须丰富一些个人的成长经验。

聪明的员工会掌握每个机会学习、发展技能以及寻求挑战的任务。与其依赖公司或全凭运气，不如自己想办法。

一位在职攻读机械学位的飞机技师克里斯总结上述观点说："虽然我的工作不能说十分稳定，但我希望这份训练能帮助我在这里待得久一点，如果不能，它也能帮助我找到另一份工作。"他因为能控制自己的前途而降低了对未来的恐惧。

今天，新知识、新技术层出不穷并加速出现，每一位员工必须不断在学习中成长，才能生存下去。要想成为一个优秀的员工，树立终生的学习观是必要的。商业时代很多拥有某种专门技术的人常常显得知识狭窄，这种仅在技术方面片面发展的趋势是非常不合适的。在很多职业中介机构的名录里，登记着无数受过教育的失业者的名字，其中的大部分人都是因为自己没有进一步发展的能力而被人超越，最后丢失了原有的工作。每个人既有的知识和技能很容易过时，因而只有"不断自我更新"才能避免工作上出现危机。

工作每天都有新情况、新挑战，每天都要面对新事物，学习与工作相伴，工作就是学习。能够适应工作，实现自我而不被淘汰，靠的是实力，而实力来于自身。虽说现代社会的机会很多，但要是不愿学习的话，也必然会逐渐落后于社会。只要天天学习，就会天天有进步、天天有机会，工作才会富有生机。

员工要想成为上司欣赏的人，还必须重视企业的各种培训，并给予积极的配合。因为企业培训的目的就是要使员工成为知识丰富、业务熟练、爱岗敬业的人，成为企业的中流砥柱，并借此增进员工之间的团结精神及相互间的依赖关系，逐步形成自己的企业文化。

总之，你如果能够不断提高自己，就不会被别人轻易超越，你就不用担心被淘汰出局，就会拥有一个光明的前途。

解读核心竞争力

一个人没有专长很难成功，但除了专业技能之外，成功还需要很多条件，这些条件就是你的"竞争力"。

核心竞争力之一：学历

所谓学历，主要包括学校、科系、学位。若本身学历不高，一个补救方法是出国留学或报考国内硕士班，用最高学历"勾销"先前较差的学历。尤其是现在国内研究院所广开大门，从"硕士在职班"到"产业硕士班"，想要拿个好学校热门科系的硕士学位，各种渠道多元畅通。另一个补救方法是选择学历门槛较宽的工作，例如部分服务业、成熟期的科技公司，或西北的地方企业。由于在人才竞争上处于劣势，对学历也不敢要求太高，不妨先在这类工作中累积一定的资历，因为"资历"要比"学历"更管用。

核心竞争力之二：证照

除了法律、会计、医疗等行业要有证照才能执业，目前包括金融业、信息业、房地产业、美容业、餐饮业、健身业这几个行业，以及制造业的环卫部门，也都逐渐走向"证照化"。如果你的学历条件较差，专业证照可有效弥补学历的不足。

在校期间所培养的专业，只是你踏上专业之路的第一步。许多行业所特有的专业技能，学校无法提供，只能在工作实践中学习。所以，在最初的"学徒期"，薪水待遇是其次，学习机会才最重要。要把工作当成学校的延伸，把主管和资深同事当成自己的良师，像海绵般虚心学习，这样专业技术的"马步"才扎得稳。过去所谓"一技之长"，现在成了"一技之短"，因为单一技能的人才过剩，如果能跨领域培养多重专长，将迅速拉开你的领先距离。

核心竞争力之三：听说读写算能力

听说读写算，是每个人从小就要培养的基础能力，从生活到工作都离不开这几种能力，但新生代在这方面却有"退化"的现象。很多主管抱怨新进员工的电子邮件词不达意、不知所云；行销主管也发现年轻一代虽然创意十足，但连像样的文案都写不出来。除了传统的听说读写算，办公室软件的运用，也成为新的基础能力要求。很多企业以为新生代都是计算机内行，招聘条件通常不会注明要熟悉办公软件，等到录用后才发现，不懂 Power point、Excel 的新人竟然为数还不少，有人甚至连用 Word 绘制简单的图表都不会。

总之，文字表达能力、沟通表达能力、外语能力、数字能力、逻辑思考能力、办公室软件运用能力，是你不可小看的职场基础能力。

核心竞争力之四：表达能力

不论你是工程师还是业务员，任何工作都需要做报告的能力，要懂得如何进行一场会议，要会做基本的企划提案。在工作上要能创新思考，遇到问题要具备分析解决的能力，对外部客户要掌握服务的技巧、具备良好的说服力。一名外商银行主管表示，他用人一定用国外留学归国的 MBA，因为即使是国内名校出身的商学院研究生，上台做报告的表现也普遍欠佳，又如何去跟客户提案？

核心竞争力之五：好性格

"性格决定命运。"这句话用在新人求职上，再贴切不过了。很多企业主管领教过"草莓族"的不能吃苦耐劳、抗压性与挫折忍受度低、缺乏小组合作精神、忠诚度与责任感低、追求卓越的成就动机不足，因而在新人的筛选上，更加重视性格特质。虽然科技业用人，基本上是技术挂帅，但在产品研发过程中，经常要不眠不休完成使命。因此，工程师的毅力与抗压性很重要。在服务业，性格特质更决定了服务质量，多数服务业都希望员工具备细腻敏锐的同情心、阳光般的热情开朗与亲和力，以及不厌其烦的沟通协调能力。

核心竞争力之六：经验的历练

跨国公司栽培高级人才，最重要的方法就是"轮调"，让你在不同部门与国家之间培养阅历。历练的多寡，决定你究竟可成大器，还是一颗小螺丝钉。对社会新人来说，包括社团活动、打工实习、校内外比赛、海外游学、项目研究，都是极为有用的历练。而对职场新手来说，对于上司交办的高难度的陌生任务，不可视为畏途，反而应该积极争取参与各种项目，以及外派出差的机会，给自己更多的职场历练。

核心竞争力之七：丰富深厚的人脉

人脉往往会在你意想不到的时候，提供你意想不到的一臂之力。但是，"贵人"不会无端从天上掉下来，平时就要勤于耕耘，而且眼光不要"看高不看低"。人脉是一种相互牵连的"共荣"关系。在你利用别人前，要先创造自己的"可利用价值"，一定先有付出才有回报。此外，人际关系学的另一门功课，在于建立包括与同事、主管、部属、客户的一系列良好关系。就算不是朋友，至少不要树敌，以免卷入复杂的办公室政治中。

核心竞争力之八：职业好形象

除了研发工程师每天面对机器外，诸如业务销售、行政、法务、公关、教育训练……绝大部分的职务都是属于"人对人"的工作，因而个人形象管理格外重要。就算相当专业也要靠形象来包装，形象攸关专业说服力。即使各行业所要的形象不同，但"品位"是共通的原则。

核心竞争力之九：情报通达力

进入知识快速"折旧"的年代，在校期间所学的东西，如果不随时更新，很快就会跟不上时代。但是，徒有持续学习的上进心还不够，更要懂得如何快速有效地在浩如烟海的信息中"淘金"，掌握最新的关键情报。现在是速度决定胜败，谁搜集情报的速度比较快，谁就掌握赢的先机。因此，如今都把"情报搜集"列为"绝对必要的工作技能"。

"软实力"不可忽视

俗话说，"黄金有价玉无价"。在职场，硬能力是"金"，软能力则是"玉"。

软能力是社会心理学术语，它们与人的情商很有关系。它们是人格特质、社交礼仪、语言沟通能力、个人习惯、品德和乐观态度的体现。它们把我们个人与同等硬能力的他人区别开来。而硬能力是职场上对专业技术的要求，更多的是智商的体现。

软能力是相对硬能力而言的。后者是可定量的专业能力，是你从事某种职业所必需的工作技能。如果你是医生，你的医学院毕业证书和医生执照，都是硬能力的指标；你治好了或救活了多少病人，这种业绩可定量地显示你的硬能力。如果你是学生，你的学习能力就是硬能力，它可用你的每科的成绩和学历来定量。

某杂志社想要招聘一名校对员。在业务知识考核后，复试的应聘者被带到了总编的办公室面试。轮到小美面试了，10 分钟的面试结束后，总编起身，象征性地将她送到门口。不想小美突然停住脚步，说："总编老师，谢谢您的接待！不过我还想多说一句，我刚才发现您的办公室的电线老化了，如果再换一个自动跳闸的保险装置，您工作起来也许会更安全些！"

你猜怎么样？第二天下午，小美接到该总编的电话："你被录用了！"该总编录用小美的理由是，"让这么一个细心的人做校对工作，应该是可靠的！"

小美的故事告诉我们，在职场中"硬实力"可以让你在业务能力上过关，而"软实力"能让你在关键之处脱颖而出。

中国留学生魏力和美籍华人汤姆一起从美国一家名校物理系毕业。当时，一家顶尖美国银行正在筹备亚太部，他们经过层层考核，一起进入这家银行。

魏力拥有该校物理博士学位，眼睛深度近视，有严重的鼻炎，性格内向，给人的第一印象不佳。他的英文相当好，但当众演说能力差。公司雇佣他，是因为他数学很好，可以帮银行搞信用风险模型。在这里，博士学位和出色的英语水平，是魏力的硬能力。银行在两轮面试后，就给了他正式的 OFFER。虽然当时有面试官对于其交流能力提出了质疑，但他有一流的建模能力，属于当时银行亟需的人才。出色的硬能力，让魏力得到了他梦想的工作。

汤姆是本科生，美国土生土长的华人。因为受家庭传统的华人文化影响，他身上很好地融合了美国人的自信和中国人的谦逊。他数学远不及魏力，却很自信，当众演说能力很棒，中文也不错，发音很标准，谈笑风生，幽默，很阳光，精力充沛，很有魄力。这些都是非常出色的软能力。面试官都很喜爱他。他也得到了工作。

在建模型的初级阶段，常常要加班。魏力病倒了，模型建成后关键的第一次 presentation（专业陈述，即工作汇报），他没法参加，只好由汤姆顶替。汤姆不懂之处，在电话里向魏力请教。模型出成果后的工作汇报，魏力本来可弥补上次的缺席，可他在几个大老板和整个部门员工面前很紧张，陈述得很令人失望，结结巴巴。大老板们都听不懂这模型到底好在哪里，统计结果如何解释。最后，汤姆不得不帮他解围，用非常简明扼要的通俗语言，解释给大老板们听。

如今，汤姆已是这家银行亚洲信用风险部的首席官，而魏力在金融危机中被裁员。虽然他的硬能力远高于汤姆，但软能力的缺失导致了他在职场中的失败。

把握关键时刻的机会

关键时刻，往往就是机会降临的时刻。这样的时刻，往往就是把握机会的时刻。很多人在职场，关键时刻不敢表现，丢弃了自己的意愿，是因为活在别人的标准里，在别人的评判里找寻自我的价值。这样的人，别人的一句诋毁足以泯灭他所有的信心，因为他过于在意别人对自己的看法。

王乐一直以来都是一名普通员工。有一天早晨，她和同事张娜娜走进办公大厅后发现，地上已是一片汪洋，原来是昨天晚上暖气管爆裂了。

此时，上司还没上班，该怎么办？一时间，楼道内乱成一锅粥。这时，王乐挺身而出，安排同事们帮忙清理地上的水。同事张娜娜酸溜溜地说："这事轮到你安排吗？不关咱们的事，看物业公司怎么处理吧。"

可是，王乐似乎什么都没有听到，也没有在意张娜娜的语气，马上安排大家去"挽救"地上泡湿的文件，然后主动给物业公司打了电话。

就这样，一件棘手的事情，在王乐的安排下，人多力量大，大家齐心协力，仅仅用了一刻钟，就清理好"现场"。当领导听说此事，赶到办公室的时候，发现地上已经清理得如同从来没有发生过事故一般。

领导一问，原来是王乐这名员工，关键时刻不掉链子，不被别人的评价和反对而干扰，敢于挺身而出，承担责任。这个冷静果敢的女孩，因为良好的心理素质和出色的表现，被领导重视。

后来发生的一件事情，更改变了王乐的命运。有一次，领导做出了一个决定，就是严格公司的考勤情况。为此，领导单独开了个会，向大家解释了这样做的必要性：当公司一个好的风气形成的时候，虽然开始时员工们辛苦一些，但是不久就会建立良好的企业氛围。

说完这句话之后，领导就问大家的意见。当时，所有人都沉默不语，没有人做出回应，场面非常的尴尬。但是，王乐再一次忘记了别人对自己的目光，她第一个站起来，支持领导的决定。

更出人意料的是，王乐说明自己的观点之后，没有一个人质疑王乐的诚意，也没有一个人认为她在"拍马屁"，大家非常羡慕她的坦荡和勇气，因为公司纪律松散，的确让很多人也有"国将不国"的感受。领导提出来的时候，只是不好意思马上表态，担心万一和其他人意见不一致，会引起别人的反感，于是存有私心，不肯表态而已。

王乐，这个在公司发展的过程中，只要自己感觉是对的，就去坚持，只要坚持，就忘记了自己私利的女孩，在不到一年的时间里，在多个关键时刻，敢于运用自己的聪慧和实力，最终成为公司的核心人物。

不要太在乎别人，太在乎别人的看法只能扰乱自己的方寸，活得沉重。只有我行我素，不为别人的目光违背自己的心意，做自己真正想做的，才能在职场上游刃有余，最终驾驭别人。

掌握脱颖而出的方法

在一群人当中脱颖而出是难能可贵的，而且敢于迎接竞争是很多人都无法突破的事情。其实，对于职场来说，要完成这一步飞跃，应该首先实现自己心理上的飞跃。很多自认为优秀的人，往往脱不了"不争"的窠臼，以为只要是金子总有一天会发光，却不知道现在的时代，领导已经没有那么多的耐心去市场挖金子，反而天天琢磨着从员工身上挖金子。所以，在发光要趁早的年代里，如果你不跳出来，是没有多少人有耐心去发掘你的。

梁天晴和贾鹏飞是同一部门的两名员工，一个是大学毕业，一个是高中毕业，而且，贾鹏飞还在餐馆做过服务员，是一个借助偶然的机会用假学历才进入公司的，这也一直让梁天晴瞧不起贾鹏飞。

人事部门发现了学历问题，找她谈话的时候，贾鹏飞也没有表示出胆怯，简直就是镇定自若。她说："我渴望这份工作，有那么多的竞争者，我能不想办法实现自己的愿望吗？而且，到了公司之后，我兢兢业业，每天最早来、最晚走。我虽然没有学历，但是我也不挑待遇。我的年纪也还非常小，作为女孩，我可以把最有精力的几年时光奉献给公司。虽然我也一直想向公司诚恳地道歉，我的假学历是不对，但我一直想等工作做得更好的时候再跟领导说……"

一番话，让人事经理觉得眼前的这个女孩有股闯劲，而且以这个理由开除她也的确会给这个女孩造成巨大的伤害，况且自己还要再去招聘；此外，贾鹏飞也适应了公司的工作，她的工作也的确不需要太高的学术文化背景。

反而，在人情往来上，贾鹏飞非常具备优势。无论遇到什么人，她都能巧妙应对不说，还能迅速解决问题。

梁天晴骨子里有一种清高，不屑于和贾鹏飞争长论短。有时候，她非常看不上贾鹏飞总是喜欢在午餐时凑到主管的桌前，告诉他自己读了一本什么书，或者刚刚学过的管理学课程，而贾鹏飞所说的那些，梁天晴在几年前就已经很熟悉。还有贾鹏飞读的所谓的"新书"，自己一星期以前就读过。贾鹏飞还特别勇于在部门会议上发言，有时候甚至会将梁天晴私下跟她探讨的那些不甚成熟的想法拿到会议上去讲。

梁天晴对自己的要求是很高的，既不会出现在茶水间的闲谈中，也不会出现在上司的午餐桌前。开会时，她几乎从不发言。担心自己的见解不够优秀。

不久，终于发生了一件让梁天晴大跌眼镜的事情。梁天晴实在看不出贾鹏飞究竟有何过人的能力，当自己还在调整心情、与世无争、不断学习的时候，贾鹏飞却很快升职了，因为主管非常欣赏贾鹏飞，对她的评价是积极向上、富有魄力、敢说敢做，具备可贵的领导才能！

因为贾鹏飞的自信、主动、敢说敢做让她获得了升迁的机会。公司开会的时候，为什么很多人从不发言，是因为害怕别人觉得自己的话其实大家都想到了，事实上大多数人都在和同样的恐惧作斗争。但最重要的是，只要努力在每个团队讨论中大声说出自己的想法，你就可能成为一个更好的公共场所发言者，对自己的想法也会更自信，你所获得的个人成就和赞誉就一定更多！

总之，任何时候都应该对自己的观点保持强有力的自信，这是竞争中的王者气质。当然，不是因为你说什么就能马上让公司赢利，重要的是领导选择你，并不取决于你是否真的合适，真的才华横溢，真的能把市场吃透，做出惊天动地的大事，而是取决于你是否让领导在心理上感觉你很适合、感觉你才能出众、感觉你胸有成竹。

五步解决职场的"倦怠期"

在职业倦怠期，员工不仅会降低自己的战斗力，也会影响自己职业的发展。如果自己是领导，倦怠情绪还会蔓延整个团队。职业倦怠还是早发现早治疗为好。

第一，自我检查。从工作满意度和职业激情度看自己的状态，两个项目，各 100 分，60 分为及格线，60 分以下为职业倦怠明显者，程度随分数变化，满意度和职业热情理论上存在结果不一致的可能，结果会体现自己对外在和内在需求的偏重。

第二，重新挖掘职业价值。转行或跳槽不一定是好选择，继续在岗位上挖掘，也许会有新的机会。

第三，树立职业标杆。列举自己尊敬、认同、崇拜的职场成功人士，分析他们的成功经验，向他们学习。其实，自己的老板就是一个很好的榜样！跟你的老板学习，这是再好不过的选择。

第四，丰富自己的人脉。读 MBA、EMBA、参加经理人俱乐部、加入高尔夫俱乐部，甚至组织行业里的竞争对手，选择好圈子，结识"武林豪杰"，表现最好的自己，相信会有惊喜发现，职业倦怠就会抛到九霄云外！

第五，一直保持学习的好习惯。活到老，学到老！

只有解决职场的"倦怠期"，才能充满激情地进行每一天的工作。

走好辞职前的"最后一圈"

如今，很少有人会在一个公司中任职终老，辞职已经是职场中常见的事情。但辞职前应该怎么做，许多人并不是很明白。尤其对于年轻人而言，不应该轻易辞职。但是，一旦作出辞职决定，就应该做好以下事情：

第一，先给领导发邮件，表达近期想要辞职的愿望。尽量不要直接当面突然提出辞职，这会让领导在惊讶的同时感到很尴尬。

第二，和领导面谈是必要的，但一定要"等"到最佳时机，不要着急。这里有两点必须注意：不要在领导忙的时候或者心情特别好的时候找他谈辞职的事情。在你看来很重要的离职事件，在领导那里也许并不那么重要，只是一个普通员工的离开，非常正常。所以，不要在不合适的时候给他添堵。

第三，跟领导明确阐明自己会再干一个月，给公司一个缓冲的机会。这一点最重要。领导不太担心一个人的离去，但他会担心整个公司的运行秩序受到影响。而一旦他认为你的离开已经将影响降到最低，自然会对你留有好印象。

第四，在离职前的一个月里不要向任何一位同事透露风声。一来如果事情又有变化，比如自己最后改变了辞职的想法，那会很尴尬，二来会影响公司的工作氛围。

第五，在离职前一周时间，要对同事公布即将离职的消息。因为这个时候，人的想法容易产生波动，动摇走的决心。如果之前经过深思熟虑的决定绝对是正确的，现在的犹豫其实多是情绪使然。所以，借助公布这一行为，强迫自己执行决定。而且，给同事们一周的时间做心理准备，不会显得特别仓促，以免大家对你离职的原因产生各种猜测。

第六，越是临近离职，越要把工作做到最好。这也是"走好最后一圈"的道理所在。因为这样最容易给领导留下好印象，而且"认真负责"的评价也会跟随你去新的公司新的岗位。

也许有人会说，辞个职何必这么麻烦，直接走人不就得了？其实不然。辞职前期就像竞走比赛中的最后一圈，很多人就是因为轻敌而栽在了这里，使之前漫长的努力都付诸东流。要知道，一个人在职场中的成功不仅需要能力，也需要依靠人脉。一般在跳槽的过程中，新东家都会严格审查你的职业经历，而且越是正规的公司在这方面的审查就越专业，他们甚至会了解你的前任领导和同事是如何评价你的。而如果你没有走好辞职前的"最后一圈"，让前任领导或同事对你评价不佳，那么你很可能就会在下一轮比赛中路遇坎坷。

团结协作创共赢

在当今职场，人与人之间的互相依赖越来越重要。不论你做什么工作，要想一个人取得成功，那是不可能的事情。如果你撇开集体、团队，真要去单打独斗的话，那你无疑选择了一条绝路。

从前，两个路人在经过多日饥饿的折磨下，已经筋疲力尽了。就在面临死亡的时候，他们意外地在一间茅草屋里发现了一根渔竿和一篓鲜活硕大的鱼。一个人抢到了一篓鱼，另一个人则拿了那根渔竿。带着意外收获，他们各自分开了。

得到鱼的人走了没几步，便用干树枝搭起篝火煮起了鱼。他狼吞虎咽，还没有好好体味鲜鱼的肉香，就连鱼带汤一扫而光。没过几天，他再也得不到新的食物，终于饿死在空鱼篓的旁边。另一个选择渔竿的人只能继续忍饥挨饿，一步步地向海边走去，准备钓鱼解饿。可是，当他已经看见不远处那蔚蓝的海水时，他浑身最后的一点力气却使完了，他只能眼巴巴带着无尽的遗憾撒手人寰。

看到这样的结局，导演此剧的上帝摇了摇头，决心再导演一次。于是，又有两个饥饿的人同样得到了上帝恩赐的一根渔竿和一篓鲜活硕大的鱼。可这次两个饥饿的人很理智，他们并没有按各自的喜好选择，然后分开，而是商定互相协作，一起去寻找有鱼的大海。

一路上，他们饿时每次只煮一条鱼充饥，以有限的食物维持着遥远的路程。终于，经过艰苦的跋涉，在吃光最后一条鱼的时候，他们终于到达了海边。从此，两人开始了捕鱼为生的日子，每天都能吃饱了。几年之后，他们盖起了房子，有了各自的家庭、子女，有了自己的渔船，过上了幸福安康的生活。

几十年过去了，他们居住的海边已经发展成为一个渔村。村里人都继承了两位创业者留下的传统，互相协作，互相帮助，取长补短，共同发展，渔村呈现出一片欣欣向荣的景象。

上帝看到这一幕，终于欣慰地笑了。

团结协作才能取得胜利，各自为政终是一盘散沙，不会成就任何事业。这个故事虽然简单，但是寓意颇丰。

对于一个组织而言，如果组织中的成员只考虑自己的工作，而不去注意别人，很可能因协调不善而出现问题。特别是对于流水线生产，每一个环节的员工都是联系在一起的，彼此之间必须具备高度的协作精神，这样才能生产出高质量的产品。如果一个环节出现了问题，就有可能导致整个流水线出现问题。对于一个企业而言，这样的损失可是巨大的。

一个人做事情的时候不去考虑别人或者根本不注意和别人的合

137

作，彼此缺少沟通，他肯定做不好工作，也会影响到别人的工作，因为他本身就是整个环节中的一部分。一个有协作精神的员工，也一定是在工作中与同事友好相处的高手。只有这样，他才能真正做好工作。

我们强调团队意识和团队精神，其实质就在于强调一种互助协作的精神，就是每一个人都能充分地意识到自己是团队中的一分子，自己有责任为了整个团队的利益而互相合作、互相支持，团队的胜利也是每一位成员的胜利。

在世界上的植物当中，最雄伟的当属美国加州的红杉。它的高度大约为 90 米，相当于 30 层楼那么高。一般来讲，越是高大的植物，它的根应该扎得越深。但是，红杉的根只是浅浅地浮在地表而已。而且，根扎得不深的高大植物，是非常脆弱的。只要一阵大风，就能把它连根拔起，更何况红杉这么雄伟的植物呢？

可是，红杉却生长得很好，这是为什么？

原来，红杉不是独立长在一处，而是一片儿一片儿地生长，长成红杉林。大片红杉的根彼此紧密相连，一株连着一株。自然界中再大的飓风，也无法撼动几千株根部紧密相连、上千公顷的红杉林。

成功的生存，仅靠自己的力量是不行的，任何人都必须依靠他人才能获得更大的成功。如果彼此孤立地营造自己的小天地，或许自己的天地也只能这么大了。

彼此协作，无论对于个人还是企业，都是生存的根本。忽视了人际关系的和睦，缺乏协作的精神，这无异于自己断了生存的根脉。

多和高手在一起

谁都得承认同事之间存在着竞争关系，但好的竞争氛围会带给你更加积极的思考习惯。没有谁天生就比别人多聪明，也没有谁能随随便便成功。与其关注那些看不着、够不着的闪亮的明星们，还不如约上比你强的职场同事一起吃午饭，从身边的人那里吸取长处，再尽力弥补自己的不足。

邢娜娜在单位里一直很快乐。可是有一天，随着一名新员工的到来，她就不那么快乐了。

这名新员工的名字叫王娟，王娟来到公司的第一天就大出风头。主管亲自带她来认识各位同事，向大家介绍时，毫不避讳地说王娟是公司为了拓展北方市场从其他公司挖来的市场推广精英。

王娟也自信满满，非常大方地和众人打招呼，这让邢娜娜感觉到巨大的压力。这个很强的同事就和她在一个部门，而且每天中午的时候总会约娜娜一起去吃饭。每当王娟抛出"橄榄枝"的时候，邢娜娜总是找借口回避了。

她对这类自信满满的人说不出有一种什么样的抵触感。可是，第一次的策划会就让邢娜娜重新认识了王娟。领导说完方案后，让王娟发言。谁都知道第一个发言的人是最为难的人，而且也不知道该从哪里说起对这个策划案的意见。

可是，王娟不慌不忙地讲自己的看法，条理清晰，思路新颖，关键之处还做了详尽周到的说明，令在场的所有人都如沐春风。待她发言结束，领导抑制不住兴奋的心情总结道："感谢王娟给我们带来了新的思路和更广阔的信息来源，大家给她鼓个掌吧！"

这给邢娜娜留下了深刻的印象，而且更重要的是王娟的确比自己强多了。之后，有一个让邢娜娜苦恼了三个月的方案，王娟用一天的时间就摸清了来龙去脉，联系各个媒体帮助邢娜娜推动方案。

中午的时候，她主动约上王娟一起吃饭了。吃饭的时候，两个女性在一起，难免闲聊。娜娜真诚地说："那一天，你提的意见太精彩了，在短短的时间把问题回答得那么好。"

王娟也坦诚地说："其实，有时候并不是那么简单的。今天我用十几分钟陈述的问题，是我以往对类似问题的思考和总结。"王娟没有讲她平常怎么努力工作和思考，但短短的一句话却让娜娜受益匪浅。她开始关注王娟的优点。

她得出的结论是，王娟得到的一切都因为她是个自强不息奋发向上的人。娜娜在工作上用王娟激励自己做事，慢慢也走上了一条薪水飙升的职业道路。开年会时，领导端起酒杯向王娟致谢，也没有忘记对邢娜娜举杯！

面对比你强的同事，你不必感觉自己遭遇了巨大的压力，因为压力大并不一定是坏事。只要处理好了，压力也可以转变为动力。不要为别人的能干而担忧，关键是要重整旗鼓，学习别人的优点，用事实证明自己的能力，创造更好的业绩。

小人有时会让你快速成长

工作有时候是非常枯燥的一件事情，在工作中控制自己的情绪和心理也不是一件容易的事。比如说，很多人知道自己工作的时候偷懒，效率非常低，但却不能及时地纠正和改变自己。可是，如果在偷懒的人身边放一个爱打小报告的同事，那结果就截然不同了。

在公司的一次重新调整中，孟清与她的大学同学赵楠楠成了对桌，这让孟清如坐针毡。

孟清非常了解赵楠楠，赵楠楠在大学的时候和舍友的关系处得非常不好，还常说舍友的坏话，而且每当有利益的时候，就不惜一切代价去打压别人。她知道自己坐在赵楠楠的对桌，一定会受到赵楠楠的监控。

孟清进入了时时戒备的状态，她感觉工作非常辛苦。以前上班的时候，有时候忘记打卡，她就悄悄地溜到座位上，也没有人深究过。但是，想到对面坐的是赵楠楠，孟清就每天定好手机铃声，从不迟到。当她准时踏入办公室，看到对面坐着赵楠楠的时候，内心就会非常坦然。

以前，孟清常常会在网上浏览一些娱乐新闻，娱乐新闻往往有很多有意思的链接。可是，孟清自从坐在赵楠楠对面，就克制自己永远不要打开娱乐网页，因为赵楠楠会突然装作很随意的样子走到自己的身后。

更让孟清感到苦恼的是，正因为对面坐了这样一个人，工作有困难的时候，她根本就得不到赵楠楠实质性的帮助，只能自己解决。面对领导的时候，她也必须一个人独自斟酌好应该怎样汇报工作，再没有人跟她商量或者出谋划策。结果，孟清在短短一个月的时间里迅速地独立了起来。

由于赵楠楠带来的巨大压力，让孟清一直心情不是特别好。直到有一天，她觉得自己也许应该感谢赵楠楠，因为领导对她说："小王，最近你的表现非常突出，我发现大家都爱上开心网，有时候上班时间一玩就一个小时。只有你，兢兢业业地工作，从来不做和工作无关的事情。"

孟清看了一眼对面竖起耳朵的赵楠楠，微微一笑，内心释然。

打小报告的同事，有时候的确会让你成长更快。对于这只背后的眼睛，你既可以理解为——他时时盯着你行为上的纰漏，可能陷害你；更可以理解为——他监督和更正你行为上的纰漏，让你不会轻易犯错误。

所以，应该用冷静、宽容的心态来看待这样的人和现象，更要提醒自己没有必要逃避和惧怕这样的人，他们有时会让你更快地成长。但也要记住：不可与这样的人走得太近。有句话是很有道理的，那就是宁肯得罪君子也不要得罪小人。对这样的人，需要敬而远之，从规范自己的言行开始，不给对方可乘之机，就能变祸为福，走稳职场路。

应对小报告的策略

在一个单位中工作，难免会有得罪他人之处。如果被你得罪的人是"小人"之辈，你便不得不提防他在领导面前进你的"谗言"。如果领导是一个实事求是的人，这种"小报告"也起不到多大作用。但如果领导是一个黑白不辨、易听信他人的人，"小报告"就会对被诬陷者构成威胁。一个聪明的职场人士，应该掌握应对小报告的策略。

第一招：先发制人

一般而言，那些散布流言蜚语告"黑状"的人，为了使自己编造的"小报告"发挥陷害人的功效，总是要研究人们的心理。他们这些人在陷害人的实践中，也逐渐"摸索"到这样一个规律，即：从总体来说，人们往往对第一印象来得深刻，一经形成，常常会积淀为一种思维定势。

比如说，某人对张三并没有什么特别的印象，既没有好感，也没有恶感。如果在这时，有人对他说张三其人是如何品行不轨、道德败坏等等，那么，他即使是对于该人的话并不言听计从，可在内心深处却着实地对张三的人品如何打了个大大的问号，心理上也对其呈现出恶感的苗头。及至张三自己或者另外的人再为之辩白，说那些攻击张三品行的话语纯系无中生有、颠倒黑白时，已经有些晚了。

这是因为，这些观点同前面形成的第一印象发生了冲突，所以很难入脑；除非这个后来的印象特别强烈，或是不断地进行多次重复，才有可能改变或冲淡先前的第一印象。这就好比是一张白纸，第一笔画总是清清楚楚，若要在画过的纸上染画一幅，那么所耗的力气则不知要大多少倍，而且原先纸上已形成的图画也很难完全彻底地消除。

那些善于制造"小报告"的人正是抓住人们思维和心理上的这一特点，想方设法地做到捷足先登、先发制人。而被"暗箭"伤害的人往往由于疏于防范，棋输后手，大多处于辩诬的不利地位。有些人甚至连辩论的机会都不可得，白白地被人坑了一下。

所以，对于防范和反击"小报告"的每个人来说，要做到克敌制胜，就不能总是"棋行后手"，而应该积极地行动起来，在那些打"小报告"的恶人告"黑状"之前，抢夺先机，从而击败流言蜚语对自己的造谣和诬蔑。

第二招：针锋相对

采取"针锋相对"的对策，防范和反击"小报告"的关键之处是选准目标，并且针对滋事生非的奸人的逆行，采取公开论战的方法，对其所散播的流言蜚语进行大胆揭露和坚决批驳，贬斥其所做的这种卑劣行为。

首先，主动出击，把所发生的事情的原委详细客观地公布给大家，使人们对此都有一定知晓。

其次，与打"小报告"的奸人进行公然论战，把客观事实与那些偷偷摸摸上报的"黑材料"以及背后的各种不实之词都摆到桌面上来。

再次，帮助和引导人们把正确的客观事实与"黑材料"相互对比、推敲，进行参照。

这样一来，那些小人所提供的"材料"、"报告"、"证明"和"肺腑之言"的真假虚实也就昭然若揭了。

第三招：利用第三者

利用第三者来对付小报告，可以给人们一种更加真实可靠的印象。

汉武帝是个能干的皇帝，但到晚年，也变得糊涂起来。他任用了一个名叫江充的无赖。江充为了自己的私利，制造了一起起冤假错案，最后冤案居然送到了太子头上，说太子诅咒武帝，并在太子府中挖出了事先安置的木偶。太子无法辩白，恼恨江充，便把江充杀了，但自己也只好逃亡在外。

之所以会出现这种情况，是因为汉武帝疑心病极重，以为周围的人都要害他。江充充分利用了这一点，诬陷太子。在这种情况下，要当事人自己去辩诬，已无可能。这时，有一个叫令狐茂的山西上党人，上书汉武帝指出太子无辜，江充奸诈，并举出历史上种种事例，希望武帝不要听信谗言。这样一来，才使汉武帝有所觉悟。不过，令人痛惜的是，那时太子已被追捕的人杀害了。

如果没有比较超脱的旁观者勇敢地介入，江充的谗言是很难被拆穿的。

第四招：不给小人以把柄

奸佞之人打"小报告"、"告黑状"诬陷他人，总是想方设法抓住被侵害者身上的一点把柄，然后无限夸大，使劲攻击，这不仅是那些喜好挑拨离间、搬弄是非之辈的做法，一切坑人害命的奸邪小人都如此。

　　然而，俗话说：身正不怕影子歪。如果为人办事都做到实事求是，口说老实话，身行老实事，襟怀坦荡，正直无私，做一个值得信赖、值得重用的人，那么，奸邪之人就不敢有非分之心，谗佞之徒也难以抓住打"小报告"诬陷害人的把柄，因而，也就远离了一切罪恶之源，避免了一切祸患的发生。

应对职场中的诋毁

　　对于任何人来说，你都不能保证处在职场或者商场中，自己永远不被人诋毁。但是，每一个成熟的人都懂得，诋毁对自己的伤害有多大，它足够动摇群众基础和领导信任。

　　被人诋毁是非常棘手的事情，因为真的非常难以处理。这是小人的手段，它和君子间的议论完全不同。更令人悲哀的是，当一个人遭到诋毁的时候，很难有人站出来说"公道话"，此刻越解释，事情就会越糟糕。

　　如果一个人平时的口碑非常好，人们接触他的时候，印象就会往正面的方向引导，也会更多地关注到此人的优点。但是，如果一个人给大家的感觉非常糟糕，那么人们的印象就很难扭转。所以，对于诋毁这件事情来说，问题关键不在于真相是什么，而是看你给自己贴上了什么样的标签。

　　唐光钧是一家大型公司的高管，有一次，他得罪了一名女员工张小妹。

张小妹是一名普通的工作人员，她长得非常漂亮，也一直渴望得到更好的待遇。有一天，她约唐光钧吃饭。唐光钧以为张小妹可能有一些问题要向他反映，就毫不犹豫地答应了一起共进晚餐。

　　吃饭的时候，唐光钧和张小妹稍微谈了几句，就知道了张小妹的真正用意。对于唐光钧来说，他虽然不是谦谦君子，但关系到公司内部的事情他还是非常谨慎的，而且他也非常讨厌这么有心计的女人，他不想轻易地被人利用。于是，他打着擦边球就从张小妹的话题旁边溜了过去。吃完饭之后，唐光钧也主动地抢先付了账。

　　可以说，在这件事情上，唐光钧的表现简直令人赞美。可是，吃完这一餐之后，过了不几天，有人就开始诋毁唐光钧，说唐光钧约张小妹吃晚饭，吃完晚饭之后就有不轨的行为，但被张小妹拒绝了。

　　听到这件事情之后，唐光钧采取了最正确的做法，那就是他懂得很多人会根据他的反应来判断这个传言的真假。于是，他非常镇定，采用了置之不理的态度。他认为，这样做大部分的人会认为自己是无辜的。而且，他采取了一个果断的行为，那就是开除张小妹。

　　问题却并没有得到真正解决，张小妹离职的时候，居然给全部的同事发了一个邮件，声称自己被开除是因为唐光钧对自己的骚扰行为没有得逞。

　　看到邮件的唐光钧，头立即大了，他已经感觉到周围空气的紧张，这是一个非常阴狠的指控，它彻底动摇了唐光钧的威信。没有人怀疑张小妹说的一切，因为唐光钧平时也的确喜欢和一些长得漂亮的女员工打情骂俏。此刻，面对这个诋毁，唐光钧即使解释再多，也没有人会轻易相信他。

　　张小妹走了不久，唐光钧也不得不离职了。

很多人有这样的一种偏见，那就是诋毁都是给平凡员工的。只要自己做得好，那么就可以避免别人对自己的恶意诋毁和重伤。

这样想的原因在于这部分人对于人的心理的认知的盲点，举个简单的例子来说，迈克尔·杰克逊已经走到了流行乐坛的顶层，但是还是被人诋毁，而且全世界的人都相信了对于他的所有的诋毁。

原因在于，位居更高的人，更容易被人妒忌，人们宁愿相信流言。那么，在公司中也是如此，越是高层，曝光面就越广，就越容易受到别人的诋毁。解决这个问题的关键就在于，聪明的人平时就该给自己种下好名声，注意自己的生活细节和言行。如果把自己的光辉形象塑造得非常好，关键时刻，你给大家留下的美好的晕轮效应就能成为你职位的保护神。

这就是职场个人品牌的作用，个人一旦形成品牌后，他跟职场的关系就会发生根本性变化。如同企业一样，深入人心的品牌无需过多解释和宣传，人们对它是认可的。对于个人来讲，同样如此，人有了品格标签，就在职场中有了信赖标志。

背后的暗算不可不防

你在职场中是否有过以下的经历：一天，一位与你关系不错的同事向你提出建议，帮助上司整理历年来的开会资料记录。虽然此举会增加你的工作负担，却不失为一个表现的好机会，可以博取升职与加薪。你对于这样的提议大表欢迎，甘愿每天加班完成额外的工作，甚至没有丝毫怨言。可是，你怎样也想不到，对方竟然有一天会在上司面前指责你私自篡改会议记录。

面对这样在背后暗算你的小人，你要用以下方法去应对：

方法一：防人之心不可无

如果有一位同事建议与你一起完成额外的工作，你可以接受提议，但应当把各人所负责完成的工作部分清楚地记录下来，留待日后作为参考。

方法二：认清对方甜言蜜语的目的

假如有人向你大送高帽，称赞你的工作能力如何惊人，无非想让你帮他完成工作。你不要被对方的甜言蜜语所动，而应当告诉他如何处理工作上的难题，无须由你亲自动手完成。

方法三：直接向上司汇报情况

若你对于同事的行为与企图有所怀疑，可以直接找上司谈一谈，以免徒劳无功。

方法四：远离小人同事

同事始终是同事，他并不是你最好的朋友，你应该与对方保持一定的距离。

当你发现某个同事原来一直在利用你，你必定会怒不可遏，恨不得立刻拆穿他的西洋镜。但同时，你又要明白，冲动行事肯定不会有好结果。那么，应该采取怎样的态度呢？例如，有位同事经常公开赞扬你的工作表现，对你的办事能力钦佩不已，但实际上他另有目的，就是努力踩你的搭档，以使你与搭档闹崩，然后他就可以乘机捞一把。

此时，你要做的就是：当对方再次故意公开赞扬你，不妨中断他的说话。

"奇怪，你对我特别捧场。其实，这个任务不是由我负责的，我的好搭档才是真命天子。我认为，你的赞美词十分适合他。"既让他无可奈何，又对搭档表明了心迹，情况一定可以改善。

若对方是有心挑拨，或试图获取情报，你的一番话不但没有让他查到半点线索，还间接拆穿了他。

　　总之，职场中发生和遇到的很多事情，并不像表面那样简单，而是背后可能有不可告人的目的。必须提防陷阱，小心被小人暗算。

第六章　销售中的智慧

销售是热情的感染

人的情绪是会被感染的，你快乐，所以我快乐。如果你缺乏热情，你就不能打动客户，销售业绩必然难以提升。与顾客打交道，你应该处于一种兴奋的状态，使你的行动也让人变得愉快。

那么，怎样才能使得每次的销售都激情洋溢呢？可以尝试这样的方法：你在拜访顾客之前先要闭上眼睛，在心灵中做一次预演，想象你跟客户谈话完美而成功的景象，包括你会说什么话，客户会怎么回应，回应之后你要怎么去回答，他会有什么抗拒，你要怎么解决，最后两个人怎样开心地握手，最后怎么样顺利地成交。当你想象得越丰富、越真实，这个画面成真的几率就会越高。心理学家研究证明，一个人脑海里面预先看到的画面次数越多，这个画面会在潜意识深处引导他的言语行为配合这个画面而散发出一种磁场，让对方也去感受到这个人的信心。

全世界销售历史上最大额保单的销售人员，名叫干道夫先生，他专做超级大保单，不到一年销售 10 亿美金，创人类史上最高纪录。干道夫先生每次出场之前，一定会先在家里想象完美的成交客户的画面，然后再出场，这叫心灵预演。而你若想成为销售冠军、成交高手，就要善用这个方法。你会将自己的情绪迅速提升到一定的状态，你会很快忘掉前面的销售经历，让自己面对每次销售都充满热情。

来自美国的一项调查显示：98%的人不喜欢自己的工作。然而，让我们一起来细算一笔账：每个人有1/3的人生要贡献给工作，如果我们一生要工作30年，每周工作40个小时，那我们一生的工作时间差不多有57600个小时。

一个人在一生中的成就，取决于他对待工作的态度。如果我们能把棘手的工作看作是对自己的一种挑战，并且满怀喜悦和热情地投入其中，奇迹就会发生。如果我们能够以充满激情和活力的征服精神去对待工作，那么我们就可以轻松愉快地完成它。

简单来讲，就是动之以情、晓之以理、诱之以利。

当我们的销售在客户理解起来入情入理时，并和客户利益息息相关时，我们的成交率就会大大提升。

然而，动之以情、晓之以理的关键在于诱之以利。不是因为我们的产品特别好，质量特别棒、价格特别便宜，客户就会购买，而是因为客户通过购买，满足了自己这种或那种明显或潜在的需求，他们购买的是自己所需要的解决方案。所以，在销售过程中需要不断地向客户强调他可以得到什么好处，去销售那种感觉。正像西餐厅出售的也许不是牛扒本身，而是牛扒烹饪后的那种嘶嘶声。

但是，仅仅这样还不够。告诉客户，你感觉到他很有压力，而我们提供的产品可以为他提供一整套的解决方案，仅止于此是远远不够的，这样不能够推起客户足够的情绪波动。我们必须用最形象直观的方式让客户深有感受，也许我们可以换一个表达方式："我感觉到你背着整整一座山似的那么沉重。"或者："你看上去就像三天三夜没睡觉了。"通过形象化的比喻，争取客户更多的注意力，更有力地去感染你的客户，用你的热情去唤起他们的购买热情。

营销的主题是留住顾客

如何争取和留住顾客是企业营销的永恒主题。如今的顾客更加重视优质的服务和体贴的关怀，失去顾客往往不是因为产品的质量问题，而是顾客对服务的不满，他们会以挑剔的眼光来看待一切。如果能够重视挑剔型诉求并积极加以改进，用诚意打动这些爱挑剔的顾客，他们将会成为忠实的顾客和朋友，会为企业带来稳定的客源和收入。"经营之神"松下幸之助说："顾客的批评意见应视为神圣的语言，任何批评意见都应乐于接受。"但有些人在营销中怠慢和敌视爱挑剔的顾客，这是不对的。相反，认真倾听并恰当地处理顾客的意见，可以产生积极的效果，正是因为他们喜欢你的产品或服务才会挑剔，希望你能改进不尽如人意的地方，好让其满意地购买你的产品享受你的服务，不然就懒得说了。也许是你的处理不当而造成这些顾客的流失，也许你并不在乎他们是否会再回头，甚至你还会认为流失挑剔的顾客对企业营销来说更省心，反正新顾客有的是。如果你这样认为就错了。据美国管理学会估计，开发一个新顾客的成本是留住老顾客的6倍，而且老顾客要比新顾客为企业多带来20%～85%的利润。

诚然，人无完人，营销者不可能让所有顾客都满意，但优秀的营销者都十分重视与顾客建立良好的关系。美国推销大王乔伊·吉拉德说："你真正地爱你的顾客，他也会真心爱你，爱你卖的东西。"乔伊·吉拉德曾在一年内推销出1425辆汽车。然而，就是这样一位出色的推销员，却也曾有过一次难忘的失败教训。

一天，吉拉德正在向一位顾客推荐一款新车，一切进展顺利。眼看就要成交，但对方突然决定不买了。他百思不得其解，这位顾客明明很中意这款新车，为何又突然变卦了呢？夜里 11 点，他终于忍不住给对方打了一个电话，询问他突然改变主意的理由。客户不高兴地说："今天下午付款时，我跟你谈到了我的小儿子，他刚考上密西根大学，我还跟你说到他的运动成绩和将来的抱负，我以他为荣，可是你却心不在焉。"听得出，对方余怒未消。但吉拉德对这件事却毫无印象，因为当时他确实没有注意听。话筒继续响着："你宁愿听另一名推销员说笑话，却根本不在乎我说什么，我绝对不会从一个不尊重我的人手里买东西！"

吉拉德明白了，他认识到，要成功地推销商品，首先要把自己推销出去。只有当顾客认同你的文化，欣赏你的人品，接受你的感情，信赖你的质量，最后才会决定买你的东西。此后，吉拉德十分重视与顾客的经常性沟通，及时了解和处理顾客的意见。尽管他已成为美国首屈一指的汽车推销员，但每月仍保持着给他的 13000 名顾客每人寄去一封不同大小、格式、颜色的信件的习惯，以保持与顾客的联系。

要正确处理顾客的抱怨，确实需要像乔伊·吉拉德那样注意站在顾客的立场上看问题，真诚地关心和体贴顾客，并因顾客的需求变化予以积极跟进，力求给顾客一个满意的答复。而粗暴地对待顾客的意见，会使顾客远离企业而去。别以为企业失去一两名顾客是正常现象，没什么大不了，事实上，其负面影响是难以估量的。据一项调查显示，一个企业失去的顾客中，只有 4% 的人会正式提出投诉，其余的人虽没有表示出他们的不满，但九成的人会不再光顾那家企业，更有七成人会因受过不礼貌的对待而转向竞争对手。乔伊·吉拉德根据其体验总结出"250 定律",即每位顾客后面大约有 250 位亲朋好友。一旦有一位顾客对你的产品或服务不满意,就有可能招致 250 位顾客的反感,而这 250 位顾客后面各自又有无数个亲朋好友。特别是那些"意见领袖",他们的杀伤力是十分惊人的。由此可见,要避免失去顾客,就要经常不断地关心顾客,满足他们合理的要求。当今市场竞争其实就是争夺消费者的竞争,谁拥有更多的顾客,谁就将在竞争中处于有利地位。

善待爱挑剔的顾客,让挑剔的顾客满意而归,你将拥有更多的顾客。

销售是你信心的传递

自信是个人对自己所做各种准备的感性评估。自信是成功的必要条件,是成功的源泉。自信不是孤芳自赏,也不是得意忘形,而是激励自己奋发进取的一种心理素质,是以高昂的斗志、充沛的干劲迎接市场挑战的一种乐观情绪,是战胜自我、告别自卑、影响客户、消除压力的一剂良药。而销售是什么?销售就是一个用自信来创造销售业绩的职业,销售就是信心的传递和信念的转移,即用自己对产品或服务的信心来影响客户的选择。

大多数企业招聘销售人员的标准都有自信这一条,有的企业招聘销售员直接打出了"缺乏自信者勿扰"。自信对于销售人员的重要性不言而喻。

那么,销售人员的自信从哪里来呢?

1. 自信源自积极乐观的心态及良好的习惯养成

乐观是自信的加油站,在遇到客户的拒绝、业绩不佳而信心受挫之时，只有乐观才能让你看到希望的曙光，为你鼓起继续拼搏的勇气和信心。销售的自信需要得到客户的肯定及认可，给客户的印象就非常重要。销售的自信不只是表现在心态和精神层面，更多的要在气质形象、言谈举止上体现出来。

2. 自信来自于分析、了解、知己知彼

这包括了解自己相对于同事及竞争对手的优势及不足，肯定自己的价值，明确自己学习和努力的方向；选择自己喜欢的行业及和自己能力匹配的行业，了解所在行业的发展趋势、公司在行业内的竞争优势及发展前景；了解自己产品的卖点及相对于其他产品的差异化优势；了解客户的真实需求，及其愿意付出的成本。

3. 喜欢自己、相信公司，和你的产品谈恋爱

相信自己即使目前仍存在很多的不足，但自己也具备很多别的销售员不具备的优势，通过不断的努力和学习一定会是最棒的；相信长风破浪会有时，直挂云帆济沧海；相信公司的实力和信誉；相信通过上级的领导和团队协作一定能在市场上占有一席之地。同时，在战略上藐视竞争对手、在战术上重视竞争对手——一切竞争对手都是纸老虎。同时，站在客户的角度换位思考，了解客户的真实需求，在提供比竞争对手更能满足客户需求的产品或服务的同时，也获取应得的利润，双方各取所需。

缺乏自信的销售人员把客户当上帝，经常用请求的语气和降价来成交；自以为是的销售人员把自己当成客户的上帝，这产品目前只有我这儿有，想买的话就这个价；还有就是忽悠型的销售人员，把客户当成待宰的鸡。这些都不是真正的销售人员。

4. 真正的自信源自于销售实践

这就需要我们通过不断地挑战自己、不断地拿下订单的成功经验积累。自信源于丰富的专业知识、熟练的销售技巧及不断地学习

提高，要与时俱进。能力才是底气，业绩才是销售人员自信的资本。自信的最大特点就是做事要有自己的主见，敢于坚持原则并做自己认为对的事情。

国内备受推崇的丝宝"决胜终端"营销 From EMKT. com. cn 模式，在产品上市之初，营销方案并不为公司内部的多数领导所认可。他们认为，"宝洁模式"是市场成功的典范，"终端营销"没有成功的经验可以借鉴，太过于冒险。最后，刘诗伟力排众议——坚持自己的主张是符合公司和市场的现实条件的，从而挑起了中国的终端战争，把舒蕾打造成洗发水领军品牌，刘诗伟本人也被喻为终端营销之父。

自信的销售员绝不轻言放弃，坚持不懈，直到成交的那一刻；而且从不服输，字典里没有失败，只不过是暂时没有成功。只有自信才能被别人信任，相信自己——你就迈出了成为优秀销售员的第一步。

做好自我推销

推销技巧的精华就是在于别出心裁、藏而不露。销售其实是在销售自己，这已经不是什么秘密，关键是怎么推销自己。一般来说，要注意哪些要点呢？

第一，要真诚

不要用欺诈的形式，你可能在某一时间欺骗某个人，但不可能在所有时间欺骗所有人。欺骗总有被揭穿的一天，只有真诚地分享，才可以打开人们的心。

所以，先成为你自己产品的使用者、受用者，是很重要的。你需要享受到产品的好处，才能发自内心地喜欢它、欣赏它，并迫不及待地想把它推荐给其他人。当你这样做时，你就是在分享一份美丽的机会，而不只是在赚别人的钱。这样一来，你的心态就会全然不同，你的自信与热情也会自然而然地产生，并洋溢出炫人的感染力。

第二，要自信、热情

这是随着你对产品的使用、经验的累积、技巧的熟练自然而然地产生的。有的朋友在向别人介绍产品时总是底气不足，别人一开始质疑就准备打退堂鼓了。为什么呢？那是因为他们缺乏由心而发的、对产品及事业的美好感受。一个相信自己的产品及事业是最好的、最有益于人的销售员，被消费者拒绝或质疑时，他只是可惜别人在错过一个绝好的机会。

第三，认识自己，改造自己

后来成为日本保险业泰斗的原一平在 27 岁时进入日本明治保险公司开始他的推销生涯。当时，他穷得连中午饭都吃不起，并露宿公园。

有一天，他向一位老和尚推销保险。等他详细地说明之后，老和尚平静地说："听完你的介绍之后，丝毫引不起我投保的意愿。"

老和尚注视原一平良久，接着又说："人与人之间，像这样相对而坐的时候，一定要具备一种强烈吸引对方的魅力。如果你做不到这一点，将来就没什么前途可言了。"

原一平哑口无言，冷汗直流。

老和尚又说："年轻人，先努力改造自己吧！"

"改造自己？"

"是的，要改造自己首先必须认识自己，你知不知道自己是一个什么样的人呢？"

老和尚又说："你在替别人考虑保险之前，必须先考虑自己，认识自己。"

"考虑自己？认识自己？"

"是的！赤裸裸地注视自己，毫无保留地彻底反省，然后才能认识自己。"

从此，原一平开始认识自己，努力提升自己，并大彻大悟，最终成为一代推销大师。

"认识自己，改造自己"是我们一生中要努力追寻的目标。哪一种工作适合自己干？如何让周围的朋友喜欢自己？它们可以说是你事业能否成功的关键性问题。若进入销售行列，在销售过程中首先便是推销你自己——你的形象、你的修养、你的气质、你的人格。首先，不要等到开始接触客户时，才练习相关的技巧。在面见之前，你就要开始练习各种技巧，如设计问句、回答质疑、快速地自我介绍等。其次，一次只练习一个技巧。有些人看书或听课，学到一些技巧，他们就开始想：我要用这个、那个、还有这个。但是，真的需要使用这些技巧时，他们一个也用不上。所以，每次反复练习一个技巧，掌握之后，再进入下一个技巧的练习。再次，穿着仪表是你的亮点，平心而论，人都有爱美之心。所以，不要随随便便穿着那种大腿破了十几个洞的"时髦"牛仔裤去做销售。如果你想让别人相信你，你就需要有让人相信的外表——大方得体的衣着、灿烂友好的笑容是你最好的名片。

因此，销售人员要做好销售工作，在销售之初，必须首先做好自我推销工作。

只有进攻才能成功

食草动物和食肉动物的差别就是，食草动物只有逃避才能生存，而食肉动物只有进攻才能生存。食草动物成群地聚集而绝无相互的责任，天天在一起只为给自己壮胆而已，它们往往把弱者留给食肉动物。相反，食肉动物有高度的组织性和激励性，它们迂回、包抄、堵截，按照能力分定级别去获取食物。食草动物面对茫茫的草地，生存很容易，只要低头就有青草，抬头有树叶，它们不用思索和拼搏就可以生存下去。而食肉动物只有喂饱自己的肚子才能生存，但要喂饱自己的肚子是十分艰难的事情，只有依靠厮杀、拼搏和思索才能获得生存。

然而，在销售场上，唯有食肉动物，才能成为真正优秀的销售人员，这就需要不停地进取和拼搏。在茫茫的非洲大草原上每年都有的角马迁徙开始了，它们的目的很简单，为了生存必须跨过一条艰难的河，这条河中充满着艰险，有鳄鱼、有毒蛇，但它们必须过去，别无退路。销售人员也是如此。

一个成功的销售人员，就要永远做一个主动进攻的食肉动物。工作需要热情和行动，需要努力和勤奋，需要积极主动。作为一名销售人员，养成主动工作的习惯，将会获得更多的奖励。

其实，工作是一个包含了诸多智慧、热情、信仰、想象和创造力的词汇。卓有成效和积极主动的人，他们总是在工作中付出双倍甚至更多的智慧、热情、信仰、想象和创造力，而失败者和消极被动的人，却将这些深深地埋藏起来，他们只有逃避、指责和抱怨。下面这则故事就很好地说明了这一点。

有位发财心切的年轻人，他用了各种方法都没有成功。当他听说有一位智者能让别人有求必应，就连夜赶了过去。在他经历了长途跋涉之后，终于见到了那位智者。

他向智者请求发财的秘诀。

智者便告诉他说："每天清晨，太阳未东升时，你到海边的沙滩上寻找一颗'心愿石'。其他石头是冷的，而那颗'心愿石'却与众不同，握在手里，你会感到很温暖而且会发光。一旦你寻到那颗'心愿石'，你所祈愿的东西就可以实现了！"

每天清晨，那青年人便在海滩上捡石头，发觉不温暖又不发光的，他便丢下海去。日复一日，月复一月，那青年在沙滩上寻找了大半年，却始终没找到温暖发光的"心愿石"。

有一天，他如往常一样，在沙滩上捡石头。一发觉不是"心愿石"，他便丢下海去。一颗、两颗、三颗……

他突然意识到：刚才他扔出去的那块石头是"温暖"的，可是由于习惯的原因，他把"心愿石"丢进了大海。

即使机会来到了你的身边，如果你麻木不仁就会和它失之交臂。许多人终其一生，都在等待一个足以令他成功的机会。而事实上，机会无处不在。最重要的在于，当机会出现的时候，你是否已准备好了。

失败的销售人员坐等机会，希望好运从天而降，而成功的销售人员则积极准备、主动工作，一旦机会降临，便能牢牢地把握。

能见面才有机会

对销售人员来说，成功预约客户是一个难题。设想一下你要约某个人出来，你可以试一试传统的方式，问："今晚一起吃个饭吧？我知道附近有一家不错的餐厅。"非常直截了当，客户可能会说"好吧"，但也可能会说不行。更糟糕的是，客户可能以一个蹩脚的理由就把你打发了。在这种情况下，你需要考虑最坏的结果，而且，我们很难冒险再一次提出类似的邀请。

与这种方式不同，我们可以采用别的方式。其实很简单，下次如果我们想约某个人，你可以试试这样说："和你交谈很愉快……我们真应该找时间一起坐坐。"就这样，你成功地把你的信号传递过去了。当然，你还没有提出约会，但也没有被拒绝。这种方式之所以能够降低风险，主要有两方面的原因：首先，我们并没有正式提出任何要求，所以不可能被拒绝，实际上我们只是提出了一个建议；其次，这种精心设计的问话方式基本可以保证我们获得一个正面的回答，因为很少有人会这么回答："不，我们什么也不做"。

销售是一个过程，初次见面就想催促客户签下订单通常是不可能的。这就是为什么在上面的例子中我们不要求马上获得承诺的原因。我们希望能先入门，以便在后面有机会获得成功。

当面约见的机会很多，如路遇或需要再次面谈等情况。这种预约往往是在不期而遇或第三者介绍时抓紧时间进行的。这种方式在熟人和陌生人中都可使用。对于陌生人来说，一回生，二回熟，采用这种当面的方式，可以与客户先有初步的认识，从而消除其对陌生人的警戒心理，以使正式面谈时容易形成融洽的谈话气氛，有助

161

于推销访问的顺利进行。

应用这种方式预约客户，对于陌生人，推销人员必须立即向对方表明自己的身份，以免对方持怀疑的态度。现在通常的做法是使用名片。

自我介绍时，一定要注意语言及形象，态度诚恳，语言简单明了，从而使客户觉得你头脑清晰、为人忠诚、可以信赖。

使用这种方法的要诀是：不要开口就谈生意上的事，要先闲话家常或叙叙旧，再言归正传。而且预约时，一定要看当时的情况见机行事，不要在客户不方便时上前预约。

但经验也告诉我们，漫无目的的盲聊，只可能得到漠不关心与不感兴趣的反应。因此，也不要闲聊时间太长，要在适当的时机转入正题。比较明智的做法是：开言时不露出任何"请你买"的痕迹，而要给对方以"这么好的东西，若不让我给你们介绍的话，将是一件很遗憾的事"的感觉。用这样轻松的心情去预约对方，效果自然较好。所以，应该快速想好当时所要说的话，尤其是最初的那一两句话。

在一般情况下，开场白极其重要，大部分顾客听销售员前面的话比听后面的话认真得多，听完第一句问话，很多顾客就自觉或不自觉地决定了尽快打发销售人员还是准备继续谈下去。

专家们在研究推销心理时发现，洽谈中的顾客在刚开始的 30 秒钟所获得的刺激信号，一般比以后 10 分钟里所获得的要深刻得多。所以，最初的言语要抓住顾客的注意力。要做到这一点，就要去掉空泛的言辞和多余的寒暄，找到能使顾客关注的话题。在表述时必须生动有力，句子简练，声调恰当，语速适中。

而提问是引起顾客注意的常用手段。在当面预约时，提问的目的只有一个，那就是了解顾客的需要。销售人员在向顾客提问时，利用适当的悬念以激发顾客的好奇心，是一个引起注意的好办法。一位好的销售人员的提问是非常慎重的，通常提问要确定三点，即提问的内容、提问的时机、提问的方式。此外，所提问题会对对方产生何种反应，也需要思考。恰当的提问如同水龙头控制着自来水的流量，销售人员可通过巧妙地提问得到信息，促使顾客做出反应。

要引起顾客的好奇心，让顾客感兴趣，我们不妨站在顾客的位置上思考一个问题：究竟是什么因素使我们认真听取销售人员的介绍？

销售人员必须以不同的方式预约不同的客户群体。客户是千差万别的，销售人员应学会适应客户。在当面预约时，销售人员可以用"角色扮演法"，即根据不同的客户来改变自己的语言风格、服装仪表、情绪和心理状态等。

另外，销售人员还必须做好各种心理准备。因为销售就是时刻与拒绝打交道的，在预约阶段不可避免地会遇到各种困难，但销售人员要充分理解客户，坦然面对困难，善于调整自己，正确发挥自己的能力和水平。

真诚换来客户的信任

大名鼎鼎的推销行家阿玛诺斯非常善于推销，业绩极佳，当别人问他有什么秘诀时，他只说了两个字：真诚。

他在推销一块土地时是这样做的：推销一块土地，阿玛诺斯并不依照惯例，向顾客介绍这块地是何等优良，如何富有经济效益，地价是如何便宜等等。他首先是很坦率地告诉顾客说："这块地的四周有几家工厂，若拿来盖住宅，居民可能会嫌吵，因而价格比一般的地便宜。"

但无论他把这块地说得如何不好，如何令人不满，他一定会带顾客到现场参观。当顾客来到现场，发现那个地方并未如阿玛诺斯说得那样不理想，不禁反问："哪有你说的那样吵？现在无论搬到哪里，噪声都是无可避免的。"

因此，在顾客心目中，实际情况一定能胜过他所介绍的情形，从而心甘情愿地购买那块土地。

营销最重要的一个内容就是服务营销。优秀的销售员不是为了完成一次交易而接近客户，而是把客户当成自己的终身朋友，建立长期的服务关系，并且借助客户的成功来帮助自己成功。他们总是以诚相待，以信取人，以谦和的态度面对每一个客户。在销售过程中投机取巧、急功近利，甚至不惜杀鸡取卵，自断后路。这些都是旧时奸商的伎俩，是现代营销的大忌。

除了满足顾客的工作需求外，多注意与客户培养感情，效果会更好。如果客户是我们真正的朋友，在同等条件下，生意还能是别人的吗？

关心客户需求，表现为随时随地关心他们，给客户提供最好的服务和产品，保持长久的联系。

优秀的销售员是会对客户说实话的人，他用诚恳的态度来赢得客户的支持。当合作出现问题时，他会以坦诚的态度让客户了解信息，以便给客户更多的时间采取措施，以避免损失。对客户说实话，也是满足顾客要求的体现。

真诚很重要，我们是否真诚地面对着客户？客户很忙，我们是否在占用他们的时间？我们占用他们时间的时候，是给他们解决问题，还是在推销自己的产品？在客户的现状下，是否给客户提供了便利？比如，节约了时间，提供了参考，提供了盈利空间？还是其他等等，我们真的站在客户的角度考虑问题了么？哦，应该是没有的，因为更多时候，我们都是充当着"传话筒"的角色。产品的信息传递给客户，客户的拒绝传递回公司，就这么简单，就这么单纯。

但是，真诚并非那么简单，首先要把客户的现状分析清楚，当客户在意气风发的时候，要给人家锦上添花的机会；而当客户处于低谷的时候，与客户共渡难关，看怎么用最少的钱来办更多的事情。就算没有预算，也一定要给客户一个真诚的印象。在真诚的前提下，还有一项就是非常了解自己的产品，能够在任何情况下，将产品说得非常到位，还能够见招拆招，遇到任何客户问题，都能拿产品的功能知识应对，才有可能深得人心。

总之，真诚是销售的必要前提。只有拿真诚来对待客户，客户才能真诚地对待你的产品，才能将他们的钱花在你的产品上。

得到顾客的青睐

谁把握了顾客，谁就把握了市场；谁赢得了顾客，谁就占领了市场；谁占领了市场，谁就获得了效益、获得了利润。那么，如何才能让顾客感到自己很重要，从而得到顾客的青睐，就成为赢得顾客的一个关键问题。

使商品在顾客心中占有地位，除了商品质量优良、款式新颖、价格合理外，就要看我们是否把顾客放在我们心上，即是否把他们真正当做"上帝"。现代商业强调情感销售，有识之士曾预言"21世纪将是销售服务心的时代"。我们提倡"顾客至上"、"顾客是上帝"，说到底是为了强调顾客在市场和销售中的地位，也让客户在消费的过程中感觉到自己很重要。因此，情感效应或称情感式销售就成为当今市场营销中协调主顾关系的最重要的手段。

情感是对客观现实态度的内心体验，是由外界事物是否满足人的需要而决定的。因此，情感的不同表现成为需要是否获得满足的一种标志。情感有较大的情景性，即在某个具体的场景或场合中表现强烈，即使人类最简单的情感，都会受到环境的影响和制约。基于这种情况，我们应该营造一种有利于顾客积极情感产生的环境和氛围，使顾客产生特殊的情感意识，这种情感意识可以决定顾客的购买态度和购买选择。

首先，对顾客的服务心体现在我们的语言上。言为心声。当顾客进门时，我们应说些什么？怎样说？这是一种艺术，一门学问。美国的售货员对挑选商品的顾客，通常是礼貌地说一声："我能帮您做些什么？"顾客既没有立即要答复你"买什么"的压力，也没有被冷落的感觉。

有的商店，顾客一进门便被售货员盯住，追问"要什么"。要知道，不一定每位到商店的顾客都是来买东西的，而售货员"要什么"的潜台词则是："不买东西来干什么？""要什么？""买什么？"这类生硬的问话往往一下子就把交际的双方置于单纯的买卖关系之中，似乎只有买东西才能到商店里来，来就一定要买些什么。这样就会使那些想先看看再决定买与不买的顾客一下子难以回答售货员的问话。不回答显然不礼貌，回答说"什么也不买"似乎也不是自己的意愿，因为有时买什么东西自己也说不准。

顾客进商店，我们应点头微笑，问一声："你好！"这是礼貌接待顾客的第一步。眼睛注视顾客，使他感到自己受到重视，眼光顺从他的目光一起移动。当他的目光落在某商品上超过 5 秒钟并且眼睛发亮时，可及时地问一句："喜欢这种款式吗？"同时，介绍产品的产地、性能、特点、价格等，还可与其他同类商品进行比较。如果他的目光落在商品上不足 5 秒，说明他对这个商品尚未"一见钟情"。

其次，对顾客的服务心体现在我们的行为上。当售货员将商品不经意地甩在柜台上时，顾客能感觉到这件商品的高贵和价值吗？当售货员嚼着口香糖给顾客拿商品时，顾客会认为这个企业有很好的形象吗？当售货员一边抠着指甲一边回答顾客的问话时，顾客会有"上帝的感觉"吗？阿伦·皮斯认为，"行为语言"是人的一种本能，直接来源于人的头脑。虽然语言也来源于头脑，但语言可以隐藏真实而作假，"行为语言"作假却是非常不容易的，因为语言可以受意识的控制，而身体却会不顾意识的控制而发放出信息，这种信息就是"行为语言"。售货员甩出商品、嚼口香糖、抠指甲的行为语言是很容易令顾客生厌的。我们爱护商品轻拿轻放，顾客也会小心翼翼地对待商品，他会认为这是件高档商品。即使是廉价商品，只要售货员爱护它，双手递给顾客，顾客仍会有"自己是上帝"的感觉。我们平时的行为所表达的语言信息，更应引起高度的重视。因此，接待顾客时应微笑站立，双手自然下垂，使顾客感到你态度亲切、庄重礼貌和充满敬意。如果能为顾客做点顺手能做的小事，如为他撑开包让他放东西，帮他把商品包扎结实一点，帮他料理一些小物品等，就很容易使顾客产生亲近感。

再次，对顾客的服务心体现在我们对待不同顾客的态度上。顾客是各种各样的，具有各种性格。但他们来到商店的目的大致是相同的，他们所期望得到的也是相同的：受到热情欢迎；得到诚恳的服务；顺利地完成采购；售货员能了解自己的立场；有了问题能够得到公平及时的处理等。对挑挑拣拣、讨价还价的顾客，应知道他的性情是不易稳定的，处理事情优柔寡断、犹豫不决。所以，必须帮他参谋，帮他下决心。一般来说，越是挑商品毛病的人越是想购此商品的人。因此，对这种人应尽量地稳定他的情绪，说服他购买。对那些不懂装懂、随意批评商品的顾客，不要与他争辩，应心平气和地及时纠正他，让他心悦诚服地意识到他的错误。对有些高傲的女顾客，应知道她们爱美，有高贵感，自尊心很强，但感情较脆弱，因而要格外尊重她们、赞美她们，使她们的自尊心得到极大满足，绝不能伤害她们的感情。对那些拿不定主意的顾客，应知道这种人最容易受到别人的影响。因此，一定注意不要过分渲染商品，而应实事求是地告诉他商品情况，由他自己决定买与不买。

"顾客至上"绝不是一句空话，我们要对每一位顾客的服务都真诚细致。如果能明白顾客光顾我们是为了照顾我们，我们就应该由衷地感谢他们。站在顾客的角度，多为顾客着想，持有"服务心"，把为顾客服务放在第一位，把利润放在第二位，就会为每位顾客奉献自己的爱心，顾客也就真正成为"上帝"了。

而客户一旦真真切切地感觉到自己重要得如同"上帝"一般了，销售人员才更容易达到销售的目的。

对客户进行细分

对客户进行细分，掌握他们的性格特点，在潜移默化之中加以努力，才能将他们转化为"友好客户"，从而建立起良好的客户关系，逐步累积客户的忠诚度，最终才能在激烈的竞争中屹立不倒。

从你谈生意的那一刻起，你就应该把自己当成是客户的合作伙伴。你的目的不是卖产品，而是为客户提供解决问题的方案。你要把客户的问题当成自己的问题。作为一个销售人员，首先推销的不是公司的产品，而是你自己。如果你推销不了自己，又如何让客户相信能与你合作购买你公司的产品？你在与客户的交往中，代表的不仅仅是你自己，也代表着整个公司。客户的挑战就是你的挑战，他们的目标就是你的目标。和他们患难与共，更重要的是帮助他们摆脱困难。甚至对那些没有打算购买你产品或服务的客户，都要投去关爱的眼光。

如何让公司与客户间实现"双赢"？如何让客户真正感到满意并保有忠诚度？建立紧密的、牢固的、持久的客户关系，是实现双赢的重要保证。而紧密、牢固、持久的客户关系，不仅仅在于产品或服务如何优质、技术表现如何到位，更在于与客户的交往、联系是否密切，让客户的感知是否亲切，与客户是否建立起了超越公司或商务层面的真诚的私人友情。如果公司与客户之间有了这样的情感纽带，公司就真正拥有了核心竞争优势。

如果用"重礼"来维系客户关系，邀请关系密切的客户参加各种娱乐活动，销售人员通常会负担全部的娱乐交际开销。这些客户也就逐渐习惯于享受最好的待遇，这就使我们维持这些"友谊"的成本变得日益昂贵。而这种友谊大多数是短暂的。如果客户换了工作、被解雇或退休了，销售人员便不会再去联系他们，关系就会以不愉快而告终。

与客户成为朋友不是以金钱为手段，而是靠人情打动。人都是讲感情的，一纸贺卡、一句祝福也会让人激动不已。所以，人情味在心诚不在礼重。真正成了朋友，还会在意礼轻礼重？

那么，如何体现人情味？比如，在沟通中，客户会有意无意地透露他的一些喜好，有可能是对人，也有可能是对事。但是，不管是对人还是对事，这个时候表明应该自己也有共同的看法和喜好。大家有了共同点，就有了话题，就等于找到了一个突破口，你顺着这个突破口前进，自然很快就可以敲开客户的心扉。

所以，要想成为优秀的销售人员，就要成为自己工作上的专家、爱好上的杂家。客户说他昨天钓过鱼，你就要学习一些钓鱼的基本知识，但不需要成为一个钓鱼的专家，只需要成为一个好学生就可以了。

在客户所在的公司，其他人可能都不喜欢钓鱼而客户很喜欢，而客户的同事和他是平级的关系，犯不着为了他而培养自己的喜好。可以想象，客户在公司有多么寂寞，根本没有一个聊得来的朋友，客户多么想要找一个人来倾诉一下。这个时候，你出现在客户的面前，而且正好你对于钓鱼的知识略知一二，这正好是客户的心头所好。客户会觉得你真是太可爱了，真是一辈子难求的知音啊！

儿科的医生都有一个特性，他们除了医术好以外，还必须懂得与小朋友沟通，首先是要赢得小朋友的好感。大多数的医生都准备着许多送给看病小朋友的新奇贴纸，如此一来，医生叔叔已不再是单纯打针的叔叔而是送贴纸的叔叔了。

日本人最懂得赠送小礼物的奥妙。大多数公司都会精心地制作一些小赠品，供销售人员初次拜访客户时赠送客户。小赠品的价值不高，却能发挥很大的效力。不管拿到赠品的客户喜欢与否，当他们感觉到自己被人尊重时，内心的好感必然会油然而生。

一位保险代理人坦言，她之所以长年保持极佳的业绩，拥有好几百位客户，而且客户还在以更快的速度增加，就是因为客户很信任她，还常常为她介绍别的客户。她与客户经常交流，建立了很好的私人友情。她经常与他们一起去郊游、爬山、打保龄球，关系非常融洽。客户有困难时，她会主动积极地提供帮助。让客户倾心于你，实际上很简单：只要你能从客户的角度考虑问题，付出一片真诚，感动客户，客户就会给予你更多的回报。

让客户参与其中

销售活动其实并不是销售人员一个人的表演。销售活动是由销售人员和客户共同参与的活动，客户也是这个舞台上的重要角色。因此，销售人员千万不要冷落这个主要人物，要善于让客户积极地参与进来，这样才能更好地实现沟通和交流。正所谓"百闻不如一见，百看不如一用"，只有让客户真正地参与进来，感受到产品的真实状况，才会获得客户的青睐，实现彼此之间的互动，进而使客户更深层次地了解和体验到你的产品和服务，这样才能有助于交易的最终达成。

客户在购买产品特别是比较昂贵的产品时，总会有一种戒备心理，害怕产品质量不好，唯恐上当受骗，给自己造成巨大的损失。如果商家或者销售人员能够让客户亲自来试一试，在试用中了解产品的特性和优缺点，然后再决定买或者不买，才能获取更大的成功率。

然而在现实中，我们往往会遇到这样的情况：客户对于自己喜爱的产品"只可远观而不可亵玩"，面对商家"禁止触摸"、"样品勿动"的警示语，客户望而却步，只好悻悻地离去。在一定程度上，商家这样"不让摸不让碰"的做法反而是对客户的一种拒绝，相当于把客户拒之门外。客户受此冷遇，还会购买你的商品吗？

向客户成功地销售产品，就是要让客户产生一种参与意识，让客户感觉这项产品与自己密发相关，从而引发客户的购买欲。与"样品勿动"、"禁止试穿"的警示语相反，有的商家和销售员会特意邀请客户参与："请坐上去吧！感觉一下它有多么的舒服！""请试试吧，您穿上它一定更加漂亮！"这样的话语一下子就把客户的心拉了过来，进而十分乐意地试用和购买其产品。

让客户参与进来，可以在实践中帮助客户解决很多难题。销售员绝不能放弃这个服务客户的机会，而应该努力地说服他们参与进来，和你一起"表演"。只有这样，客户才会把全部注意力放在商品上，从而促使销售活动有效地进行，让客户在满足参与心理的同时，爱上你的产品。

了解客户拒绝的真相

在现实生活中，从事销售工作的人遭受到的拒绝很多。销售人员的工作是辛苦的，不仅耗费巨大的体力，也会损耗很多的心力。而在销售中，接二连三地遭受客户的拒绝也是常有的事情。这就需要销售人员拥有极好的心理素质，敢于承担这些常人所不能忍受的痛苦。但是，一味地忍耐也不是治本的办法。既然有问题，就要努力地去寻找解决问题的办法。了解并思考客户拒绝你的真正原因，找到客户拒绝的心理根源，对症下药，化解客户的心理抗拒，就会获得更多成功的交易。

抗拒推销是客户本能的一种心理反应。你直接把商品拿出来，放在客户的面前，说这就是你所需要的，客户往往会觉得是你硬塞给他，他会本能地挑出各种毛病加以拒绝。而如果销售人员先问清楚客户到底想要什么样的商品，然后再拿出合乎客户要求的商品时，客户就会觉得这是自己所需要的，从而乐意接受。因此，销售人员如果想把产品销售出去，就必须知道客户究竟想要什么，并且让他亲口说出来。这种"提供客户最想要的商品"的销售模式，要比

"把自己觉得最好的商品推销给客户"更能够让客户欣喜地接受。

聪明的销售人员都会暂时不去考虑客户提出的一大堆拒绝理由，而是想方设法让客户说出他们期望中的产品应该包含哪些特征。如果客户愿意开口说出自己期望的产品特征，销售人员应该记住这样一条：给客户提供他想要的东西，而不是推销给客户你想卖给他的东西。只有这样，才会把拒绝转化为接受。

大军是某电脑公司的销售代表，一次他到一家公司去推销电子设备。可是，他刚刚表明身份，就遭遇到了那家公司经理的拒绝。经理说："你不需要在这里浪费时间，我们一直以来都与一家品牌电脑公司保持着良好的合作，并且会继续合作下去。对于其他公司的产品，我们不感兴趣。"

大军还没有介绍自己的产品，就先吃了"闭门羹"。然而，他并没有就此放弃，而是仍然微笑着注视经理说："先生，我想知道，您觉得那家公司的产品确实值得您信赖，是吗？"

公司经理肯定地回答："那当然。"

于是，大军又问："那您能说一说那家公司的产品有哪些特点最令您感到满意吗？"

公司经理微笑地说："它的很多特点都让我们很满意。首先，产品质量以及研究技术可谓是世界一流的。更关键的是，这种品牌的产品自上市以来，一直都受到顾客的喜欢，市场评价也很高。这些都足以让我们放心地与之合作。"

大军见经理已经打开了"话匣子"，便趁势又问："我觉得，您理想中的产品不应该只具备这几点优势吧？如果你希望那家公司能够做得更好一些，会希望他们在哪些方面进行改进？"

公司经理思考片刻，告诉大军说："考虑到我们公司的具体情况，我希望他们能在技术细节方面做得更加完善一些。因为公司里的员工经常反映在生产中有些操作很繁琐，如果再简单一些就更完美了。但是，我不知道这个问题是否能得到解决。当然了，如果可以的话，我还希望他们公司的产品价格能够再降些。我们公司在不断扩大，每年都要买进大量产品，花费的资金实在不少啊。"

大军见时机已经成熟，便真诚地对公司经理说："先生，我很荣幸地告诉您，您提出的愿望我们都可以满足。因为我们公司的技术人才也是世界上独一无二的，所以，对于产品的技术和质量水平，您大可以放心。而且，我们公司特别在产品的使用操作方面做了改进。"大军以自己独特的方式突破了客户的拒绝，他没有直接把自己的产品介绍给客户，而巧妙地探究了客户心中真正想要的产品应该是什么样子，最后再把能够符合客户要求的产品拿出来，客户自然没有话说。如果他不去询问客户到底需要什么样的产品，而只是一味地渲染自己的产品多么优良、多么便宜，客户照样不会买他的账。所以，销售人员是为客户提供服务的，不要以为把自己觉得最好的给客户，客户就一定会满意。应该从客户的角度出发，提供客户最想要的商品。只有这样，才能真正为客户排忧解难，让客户得到最大的满足。

销售人员不要害怕客户的拒绝，而应该从拒绝中发现问题，了解客户的内心，探求其真实的需求。只要客户说出想要购买的产品条件，销售人员就有机会实现销售。化解客户的抗拒心理并不是一件很难的事情。销售人员要学会以积极的心态面对拒绝，不能心存畏惧，而应充分重视、积极应对，善于引导客户陈述他们的需求并仔细倾听，找到客户拒绝的关键因素，或给予合理的解释和疏导，或给出一些更积极的方案，有效地化解客户的防备与疑虑。只要抓住了客户的心理，加上产品的质量优势，就一定能使客户接受。

善于倾听客户内心的声音

沟通和交流离不开说，更离不开听。如果大家都有一肚子话要说，沟通起来各说各的，都说了很多，却都没有听清对方说了什么，这样是根本没办法说到一起的。当对方说得口干舌燥时，你看似是在认真听他说，然而，一开口，说的全都是风马牛不相及的东西，这样的交流只能制造矛盾，怎么可能有效地传达信息和情感呢？说不定，只会把双方都搞得更加沮丧。

所以，在现实生活中，我们既要学会有效的表达，更要学会倾听，表达出对对方足够的尊重，使对方渴望被倾听的心理得到满足。这其实已经是对对方最大的帮助和支持了。而不被倾听，往往会给人带来很大的失落和打击。毫无疑问，其影响是很严重的。

某一年的圣诞节，一个美国男人为了和家人团聚，兴冲冲从异地乘飞机往家赶，一路上幻想着团聚的喜悦情景。不料老天变脸，这架飞机在空中遭遇猛烈的暴风雨，飞机脱离航线，上下左右颠簸，随时都有坠毁的可能。空姐也脸色煞白，惊恐万状地吩咐乘客写好遗嘱放进一个特制的口袋。这时，飞机上所有的人都在祈祷。在这万分危急的时刻，飞机在驾驶员的冷静驾驶下终于平安着陆，于是大家都松了口气。

这个美国男人回到家后异常兴奋，不停地向妻子描述在飞机上遇到的险情，并且满屋子转着、叫着、喊着……然而，他的妻子正和孩子兴致勃勃地分享着节日的愉悦，对他经历的惊险没有多大兴趣。男人叫喊了一阵，却发现没有人听他倾诉，他死里逃生的巨大喜悦与被冷落的心情形成强烈的反差。在他妻子去准备蛋糕的时候，这个美国男人却爬到阁楼上，用上吊的方式结束了从险境中捡回的宝贵生命。

为什么好不容易从险境中捡回性命的美国男子，在回到家以后反而又自杀了呢？因为他没有得到倾听，没有得到重视和安慰，没有得到理解和积极的回应。这对他的心灵造成了巨大的打击。懂得倾听，不仅是关爱、理解，更是调节双方关系的润滑剂，而那位美国男人的妻子没有做到，所以导致了悲剧的发生。由此可见倾听的重要性。

每个人在烦恼和喜悦之后都有一份渴望，那就是对人倾诉，希望倾听者能给予理解与赞同。这是人际交流中最普通的一种心理。夫妻间如此，销售人员和客户之间也是这样。有效地表达是销售人员必不可少的一门基本技能，而有效的倾听则更加不可或缺。

销售人员与客户的沟通过程是一个双向的、互动的过程：对销售人员来说，他们需要通过"说"来向客户传递相关的信息，以达到说服客户的目的。同时，销售人员也需要通过"听"接受来自客户的信息，从客户那里获得必要的反馈。但是，很多销售人员并没有注意到"听"的作用，而且也没有重视起来。他们在销售中，总是以表达为主，而忽略了倾听，结果导致了销售的失败。

销售人员在与客户进行谈判的时候，往往总是自己在滔滔不绝地说，总是把自己的感觉和想法强加给客户。无论你说得如何好，客户最后还是会断然拒绝。为什么呢？因为你不重视自己的客户，没有去聆听客户的意见，没有去了解客户的想法。虽然在销售中，销售人员的解说是必要的程序，但学会聆听往往比说个不停更容易获得客户的心。有位优秀的销售人员说过这样一句话："有人说世界上最伟大的恭维，就是问对方在想什么，然后注意倾听他的回答。"

有的销售人员被动消极地听客户所说的字词和内容，常常错过了客户通过表情、眼神等体态语言所表达的意思。这种层次上的倾听，常常导致误解，失去真正了解客户的机会。

真正的倾听，应该是主动积极地听，用同情心去听。销售人员要专心地注意客户，聆听对方的话语内容，并从中获得有用的信息，设身处地地从客户的角度来评价和看待事情。这种有感情注入的倾听方式，才能更加有效地赢得客户信赖，得到其积极的回应。

让客户自我感觉良好

哈佛大学著名心理学家威廉·詹姆士曾经说过："人类本质中最热切的需求，是渴望得到他人的尊重和肯定。"这是每个人都有的心理需求，不管是在生活中还是在工作中，人们都希望受到重视，希望能够突现自身的地位和价值。因此，使别人感受到他对你来说是很重要的，往往会带给他们心理上的满足，使他们产生愉悦感，彼此交流起来也更加容易。

我们常说相互尊重是彼此之间进行交流合作的基础，提升别人的重要性，也是对人尊重的一种方式。让对方觉得在你心里是很重要的，对方就会获得强烈的安全感和归属感，就会将心倾向于你，对你表示信任。在销售工作中，让客户感到自己很重要，既是对客户的尊重，也会使销售人员得到客户的青睐，进而顺利购买销售人员的商品。这是因为，销售毕竟是一种人际交往，是销售人员与客户结识并建立关系的过程。只有建立起好的关系，才会增进彼此之间的感情，使客户心甘情愿地购买你的商品。所以，销售人员与客户之间不仅是简单的买卖关系，更重要的是一种情感的交流。

对于销售员来说，要打动客户内心的最好方法，就是巧妙地表达你衷心地认为他们很重要。著名哲学家约翰·杜威说过："人类天性里有一种最深刻的冲动，就是希望具有重要性。"你的客户当然也不例外。

怀特是一家汽车公司的推销员。有一次他上门推销，问男主人做什么工作。男主人回答说："我在一家螺丝机械厂上班。"

"别开玩笑……那您每天都做些什么？"怀特以为客户在开玩笑。

男主人很认真地回答说："造螺丝钉。"

这时，怀特表现出极大的热情和兴趣："真的吗？我还从来没见过怎么造螺丝钉。哪一天方便的话，我真想到你们厂看看，您欢迎吗？"

怀特这样说的目的，就是为了让客户知道自己很重视他的工作。

或许之前，从来没有人怀着浓厚的兴趣问过男主人这些问题。男主人听了怀特的话，从心里油然升起一股感激之情。想到自己就要调到市郊去上班，真的需要一辆车，当场就和怀特签下了购车合同。

有一天，怀特特意去工厂拜访他。看得出，他真的是喜出望外。他把怀特介绍给年轻的工友们，并且自豪地说："我就是从这位先生那儿买的车。"怀特则趁机给每人一张名片。正是通过这种策略，怀特获得了更多的生意。

销售行业奉行的宗旨是"顾客是上帝"，销售人员应该以友好的态度，努力为客户提供最优质、最贴心的服务，让客户体验到"上帝"的感觉。如果销售人员总是想把客户踩在脚下，使劲儿地剥削他们的钱财，必然会失去所有的客户，最终走向失败。所以，销售人员应该尊重每一位客户，不管对方的身份、地位、职业如何，都应该让他们自我感觉良好。让客户自我感觉良好，他们在感到自信的同时，自然会对你产生好感，乐于和你做生意。

只有你对别人表示出关心和重视，才能换回对方积极的回应。只有把客户放在心上的销售人员，客户才会把他放在心上。"让客户觉得自己很重要"是打动客户内心的一个重要原则，这就需要销售人员在细微处给予客户最真挚的接纳、关心、容忍、理解和欣赏。

真诚地尊重他人，让他们感到自己很重要，是打开对方心门的一把金钥匙，因为成为重要人物是人性里最深切的渴望。销售人员永远都要让客户感受到自己的重要，给客户多些关心和理解，让客户感受到你的真诚和尊重。这样一来，人与人之间的隔阂就会消除，客户才会更加容易敞开心扉，真诚地对待你。

与客户达成情感共鸣

在销售中，如果销售员能够与客户达成情感共鸣，就等于把两个人的心理距离已经拉得很近了，也就意味着已经向成功实现销售迈出了很大的一步。被那样一种同病相怜、惺惺相惜的氛围笼罩着，谁也不会无情地拒绝对方。因此，签单成交已经成了顺理成章的事情。所以，情感共鸣在销售的过程中起着极为重要的作用。

其实，在销售人员与客户进行交流的过程中，很多时候是在交流彼此的想法和感情，诸如彼此对所推销的商品，以及一些看起来与商品毫不相干的其他事情。客户如果能够在某一点上与销售员产生共鸣，那么，就会因为"爱屋及乌"的心理效应，对你整个人，以及你所推销的商品充满好感。此时，把你的商品成功销售出去，便不再是一件非常困难的事情。

那么，怎样才能与客户产生情感上的共鸣呢？从心理学的角度来讲，要想达到情感上的共鸣，最重要的一点就是能够让客户认可自己的情感、观点、创意、想法等，从而诱发客户的心理共鸣，最终让客户接受自己的商品或服务。

而想让客户认可自己，首先就需要想办法来吸引客户的目光，引起客户的注意。比如，运用一些让客户感觉耳目一新的广告语，在店面内挂一些让消费者感觉很温馨的画，或者一些简简单单的装饰，抑或是销售员的一个动作、一个表情……很多意味深长的文学作品正是因为能够引发读者的共鸣，才会得到很多读者的喜欢。销售人员也是一样的，只有引发客户的共鸣，才能够让客户接受你，进而喜欢你，接受你的商品或服务。

利普顿是美国无人不晓的著名企业家。早年的时候，他曾经营一家食品店。为了更好地经营，他特意邀请了著名的漫画大师罗宾哈特为他的食品店画漫画，而且每周都要更新一次。但是，这一切似乎都无济于事。几个星期过去了，他的食品店生意依旧很糟糕，而且似乎没有人发现利普顿橱窗里的变化。

利普顿为此苦恼不已，因为如果照这样下去，用不了多久，食品店就得关门。漫画大师罗宾哈特知道这一情况以后，灵机一动，决定画一幅别出心裁的漫画。他是这样设计这幅漫画的：一个爱尔兰人背着一只痛哭流涕的小猪，对旁边的人说："这头可怜的小猪成了孤儿，因为他的所有亲属都被送到利普顿食品店加工成火腿了。"

这幅漫画画成之后，不断有人在橱窗旁驻足观看，而且最重要的是已经有人开始进店购买各种各样的食品了。

利普顿知道机会来了，他告诉自己一定要趁这个机会大做文章。于是，他立即去市场上买了两只又肥又壮的小猪，用各色各样鲜艳的彩带装饰起来放进橱窗里，而且上面还挂有一条非常醒目的横幅——"利普顿孤儿"。此时，活猪与漫画上的小猪形成了鲜明的对比。

这幅生动而奇特的风景让很多人驻足观看，甚至流连忘返。自然，他店里的生意也一天比一天红火。从此以后，利普顿声名鹊起，蜚声美国内外。

归结利普顿成功的原因，从很大程度上来说，就在于他成功地诱发了人们的情感。他赋予了动物强烈的感情色彩，"利用"人们的同情心，引发消费者的感情共鸣，最终有效地将客户吸引过来，使自己走上了成功的经营之路。

销售，不仅仅是销售商品，它更是一个联络感情、交流感想的舞台。而客户就是你在这个舞台上的朋友，是你的伙伴、你的合作者。在这个舞台上，不管对方承担的是什么角色，不管缺少了谁，合作都将不能够再进行下去。如果真是如此，那你才是其中损失最大的人。如果能引发对方情感的共鸣，你们的合作才能取得最大的成功，也才能够达到双赢

引发客户的情感共鸣，让客户知道销售人员提供给他们的不仅仅是一种毫无温情的、冷冰冰的商品。因为销售不单纯是一种你买我卖的过程，它也是情感交流和碰撞的过程，一种心理的探究和调节，一种倾听，一种诉说。因此，销售人员要善于运用这种心理效应，进而赢得客户的信赖和爱戴。

站在客户的角度去思考

在销售过程中，很多销售人员内心都有这么一个原则，即"以赢利为唯一目的"。于是，在这一原则的指导下，许多销售人员为了使自己获得最多的利益，总是不惜损害客户的利益。他们或者诱导客户购买一些质量差但价格高的商品，或者是买完之后就感觉事情

已经与自己无关，全然不管客户在使用商品的过程中会出现什么问题……其实，这样做可能会在短期内获得不菲的收益，但从长远的角度看，对销售人员的发展却是不利的。如果客户的利益受到损害，对销售人员的信赖度就会降低。长此以往，就会导致销售人员的客户不断流失，从而使自身利益受到巨大的损失。

在销售的过程中，销售人员要注意的是，只有把顾客的问题当做自己的问题来解决，才能赢得客户的信赖。因为适当地为客户着想，会使销售人员与客户之间的关系更趋稳定，也会使他们的合作更加长久。

所以，在销售过程中，销售人员应该把客户当做与自己合作的长久伙伴，而不是与他进行"一锤子买卖"。销售人员只有把关注的焦点放在为客户着想这一事情本身上，而不是时刻关注怎么最快地把商品卖给客户，才能将生意做得更加长久。

而为客户着想，最适用的一点就是为客户提供能够为他们增加价值和省钱的建议。这样一来，销售人员才能够得到客户的欢迎。时时刻刻为客户着想，站在客户的立场上来看待问题，销售人员要先不考虑从中得到的利润，而是帮客户想一下，怎么样才能够让他省钱。其实，这也是你在为客户赚钱，帮助他们以最少的投入获得最大的回报。

其实，先为客户省钱，然后自己再从中赚钱，这并不矛盾。因为当客户充分信任你之后，才会继续与你合作。多次合作之后，你从中获取的利益要远远超过"一锤子买卖"。

销售人员李奇就是一个时刻为客户着想的人，但这并没有妨碍他的业绩，而且他每个月的提成要远远高于其他同事。在销售的过程中，他所坚持的原则就是要做好生意先要做好人，要时时刻刻为客户着想，站在客户的角度来真诚地替他们解决问题。也正是因为他的这个原则，为他带来了许多意想不到的收获。

一次，身在湖北的李奇接到一个来自吉林的电话，对方询问一些他们想要购买机器的价格等情况。李奇就按照一般的情况报价给对方。但是，他仔细听了对方的要求之后，觉得他们的配置机型并不合理。但如果价格合适成交的话，他的销售额会很高。可是，他还是给询问者提供了这么一个建议。他把电话重拨了过去，说道："我仔细看了您刚才的数据，觉得机器的数量跟机型配置有点不太合理。当然，正常使用是没有任何问题的，只是机器数量可以减少一些，机型容量也可以小一些，这样您的投入也将会降低。"

对方很惊奇地回答道："是厂里让我负责采购这么多此种类型机器的，而且是几个工程师严密计算出来的，应该不会出现什么错误吧？"李奇听到这里，心里突然一震，想到一桩生意可能会砸了，因为对方可能会认为自己的专业水准不高。但他还是不甘心，挂完电话之后，又与公司的工程师一起做了一份详细的技术说明及可行性分析报告，证明自己的判断是正确的，并发邮件到了对方的邮箱里。

一个星期将要过去了，李奇仍旧没有得到对方的任何消息。最后，他认为这次的生意肯定是成不了了，可能对方还以为他如此热心肯定能从中得到很大的利益。但意想不到的是，周日的晚上，他接到一个电话，对方是上次打电话的那个吉林人。他声称现在到湖北了，明天去公司谈合作的事情。这让李奇喜出望外。

周一那天，对方告诉李奇说："其实，我向很多公司询问了价格情况，可是没一个人像你一样给我讲得这么详细，而且不忘为我们着想。我这次来也是详细询问了一些懂行的人，我认定你们的机器了，我们现在就签合同落实吧，而且我决定你们就是我们的长期供货商了！"

由此可见，正是李奇所坚持的"为客户着想"的原则，才使他的事业不断取得成功。其实，在与客户进行交往的过程中，你并不是向客户传授某些知识或者是说教，而是在为其提供服务和帮助，也是在为他们解决问题和困难。当你能够在销售中把握住这一点时，为客户着想将不再是一件困难的事情。

为客户着想，是销售的最高境界。因为当客户意识到你是想方设法、设身处地地给他提供帮助的朋友时，他就会乐意与你这个朋友交往，更乐意与你这个朋友合作。所以，在销售的过程中，只要你能够站在客户的立场上为他们的利益着想，并真诚地与他们进行交流，不但不会给你的销售带来负担，反而会赢得他们的信赖，并让他们成为你长期而牢固的合作者。

迅速签单的六大技巧

很多销售人员常常会遇到这样的疑惑：我跟客户接触了两三个月了，关系非常好，而且他对产品也比较认可，但却迟迟没有购买。或者是客户一进商场就看上了我的产品，但直到最后成交，中间却用了整整两个月时间。存在这样的问题，毫无疑问的是销售人员还没有熟练掌握如下的成交技巧：

1. 准备好各种文件

当客户对购买表达了肯定的意思之后，能否有效快速地实现也是评价一个销售人员是否专业的标准。业绩超强的销售人员在成交时，效率总是很高，公文包里也都整整齐齐、有条不紊。同时，他们清楚记得合约书放在哪儿，印章摆在哪儿，以及各种目录文件放置的位置。只要对方有一点购买意愿，他们就会立即取出合同，与客户一起办理相关事宜。

这是销售人员最基本的成交动作，但如果在这个过程中销售人员动作生疏，慌慌张张，就可能会改变客户的想法。当你慢条斯理地翻公文包时，客户原本高昂的情绪会逐渐冷却下来。等你取出合同要求对方签约时，对方可能会说："我还是再考虑一下吧。"或者他根本就打消主意不买了。

另外，销售人员拖拖拉拉的举动也会影响到客户对你的信心。客户是因为对你个人的信赖才同意成交的。当你好不容易将销售推进到签约的阶段，却在这时暴露出杂乱无章的公文包，七手八脚地寻找那份合同，这些对客户原先已勾勒的购买意愿绝对是一种打击。同时，你的这种表现还会让客户对自己的决定产生怀疑，很有可能原来已经达成的购买意向就这么难以挽回地消失了。

2. 以行动来催促客户作决定

用行动来催促客户成交是促使对方下决心的一个方法。比如，在沟通谈判到某一个恰当时机时，销售人员将合同和笔一起拿出。这就好比跟客户说："好！请决定吧！"客户此时往往会情不自禁地拿起笔签下买卖契约。即便不是这样，他也会向你解释不成交的原因，从而让你消除困惑，安排下一步的策略。

3. 引导客户作"二选一"的决定

引导客户"二选一"也是一个不错的方法。比如：先生，您看要这款价格稍贵一点的微波炉，还是要稍微便宜的呢？顾客被问到"要哪一种"的时候，通常会朝自己所喜欢的方向来做选择，在说出答案的同时，就一并去除了犹豫不决的心思。这称为"选择说话术"，或称为"二选一说话术"，这种方法经常被应用在各种谈判的场合上。

4. 利用身边的例子，促使客户下定决心

如果你销售的产品是汽车，就可以说："您隔壁的××先生也是我的客户，上个周末，他们一家人开着车到海边兜风，玩得很尽兴呢!"如果是工作上使用的机器，就可以说："像××公司，跟您一个行业，他们去年买了我们一台机器，一年成本降低了五百万元呢。"对于购买可能性高的客户，尽量举一些他们所熟悉的实例，也不失为一种刺激购买欲的方法。

5. 细心安抚客户心中的不安

客户有时候迟迟下不了决心购买，是因为他对产品的某些细节之处还隐约感觉到不安。销售人员此时就要细语安抚客户。

但并不是所有的客户都会通过语言表现出来，这就需要销售人员引导他们说出来。比如，对客户说："您是不是还有什么不太满意的地方?"以此来探究客户的疑虑及不安的原因，再细心地为他们一一解答。

6. 亮出最后的王牌，促使对方下决策

像这个时候，经常被使用的王牌就是"折扣"。既然是王牌，就一定要到最后阶段才亮出来，而且一旦亮出王牌，就必须要有让对方购买的心理准备。除了折扣外，可以使用的王牌还有礼品、分期付款、先享受后付款、库存品数量、优惠期限等。

第七章　谈判中的智慧

知己知彼，百战不殆

"知己知彼，百战不殆。"这是千古不变的真理。

在谈判中，找出对方的底牌是最棘手的工作，但它是制胜的关键。因为摸准了对方的底牌，你就能掌握谈判的主动权。而掌握了主动权的一方，往往可以利用自己的优势轻而易举地达到预期的目的。

谈判中要想促成利于己方的协议，还必须巧妙地运用谈判的策略和技巧。要掌握知彼艺术，通过多看、多听、多问、多查，用言语诱导，摸清对手的情况和需求，对症下药。

谈判很多时候就像打扑克。在打扑克时，如果对家知道了你手中握的牌，结果会怎样？不错，每局必输。谈判时也是一样的。不要告诉任何人你的战略计划，也不要沾沾自喜，以为手中握有王牌。

俗话说："知己不知彼，一胜一负。"而谈判中的一负就可能使你的地位岌岌可危。那么，就必须去了解一下对方的背景，对方谈判队伍的组织情况，以做到知己知彼。利用你收集来的情报，试着评估一下对方的压力及难点。这就包括对手的发展计划、对手当前面临的压力与问题、对手的竞争对手情况等。在谈判中，那个最有资格说"是"或"不"的人往往看上去和其他人没有什么两样。作为一个谈判人员，必须确认对方谈判者的地位、力量及权威。一旦掌握了谁是谈判的中心人物，就紧紧地抓住他，查看他相机处置之权有多大，然后把这个权力从他那儿拿过来。

由于惯性使然，人们在反复做某项工作时，往往会产生思维定势，形成一定的心智模式。所以，某些谈判老手往往可以据此猜到对方可能提出的要求，以及对方对其提议所持的态度。如此一来，谈判的主动权就会落在他的手中。如果你在谈判时发现对方对你的思路比较熟悉，你最好是动动脑筋，及时采取一定的策略来设法弥补这一劣势。比如，你可以趁休会之机，找一个可以替代你的谈判者登场，这很可能会使对方大吃一惊。因为对方不知道新的谈判者与前一个谈判者相比，是不是很难对付？新的谈判者的谈判手法如何？这样一来，对方的心中就会因此而产生很大的压力，甚至会自动瓦解。

其实，更换谈判者是一种谈判艺术，它最大的好处在于，可以借此摸透对方的意图，摸清对方的底牌。以美国史考乐斯三兄弟为例，他们善于运用谈判中途更换谈判者的谈判艺术，而且效果颇佳。

史考乐斯三兄弟共同经营一家公司，他们在与对手谈判时，在不同的阶段分别登场。通常都是老三第一个上场，提出非常强硬的条件。待双方争执不下，谈不下去的时候，史考乐斯方就提出暂停会议。当谈判再次开始时，一旁观阵的老二便出场。这时，老二会针对对方的目标和态度，与对方认真较量，直到对方几乎无力应战之际，老二又退出，老大登场。由于老大一直在旁边不动声色地静观其变，通过前两个回合的较量，他基本上已摸准了对方的底牌，因而谈不了几个回合，对方往往会迫于心理上的巨大压力而做出让步，并在合约上签字。

反过来，如果你的对手在谈判时临时更换谈判者，变化谈判阵容的话，你该怎么办呢？首先，面对新的谈判者，你要保持冷静的头脑。不妨把优先发言权让给对方，让他先发表意见，你可借此来摸清新的谈判者所持的态度，再在此基础上提出自己的要求。这种后发制人的方式，常常能收到奇效。事实上，对方换人这一做法，无疑是在向你传达这样一个信息：他要改变目前的谈判状况。你也可以试着提出一项新的方案，以试探对方的真实意图，进而摸清对方的底牌。

总而言之，摸准对方的底牌是谈判中制胜的关键，只有真正掌握了"知彼"，才能在谈判中立于不败之地。

把握底线，不轻言让步

谈判之中，一些谈判者不断重复着毫无原则的让步，不清楚让步的真实目的，最终的结果往往是将自己逼入绝境，而对手却在静观其变。这些谈判者除了缺乏对谈判的了解外，也有自身性格的原因，他们不愿意为了一桩小事伤了面子、坏了情绪，影响日后的交易。这种对于谈判的理解在业界是非常普遍的，但却是极端危险的。

一些没有经验的销售人员常常会犯这样的错误：为向客户表示友好，还没等对方开口，就迫不及待地把价格降下来了。在这种情况下，客户不仅不会马上购买你的产品，反而会变本加厉要求你继续让步。

所以，任何时候都不要主动让步。即使对方要求小的让步，你也应该索要一些交换条件。同时，逐渐缩小让步幅度，暗示你已经竭尽全力。

如果某个不肯配合的同事说："你要的数据可以给你，但得等到月底。"你不能说："那好吧。"你得告诉他："那就不能以草稿的形式了，得按最终的正规格式整理好交上来。"

当老板说："你不能加薪，但我可以给你提成奖励。"你告诉老板："如果是这样的话，提成的比例至少应为业绩总额的5%。"

当你的客户说："我至少得拿到32%的折扣。"你回答："那样的话，我需要你方保证每月至少订货5000件。"

明白了吧，这条原则之所以关键，是因为它能帮你争取到更好的谈判条件。每次你损失一些什么的时候，也能从对方那儿赢回来一些东西。要保证你做出的让步和从对方手里争取来的让步旗鼓相当。

1992年1月，中美双方代表吴仪和卡拉·希尔斯共同签署了《中美关于知识产权保护的谅解备忘录》。在此之后，美方承诺取消对中国的特别调查。但1994年6月，美国再次要求对中国进行为期6个月的调查，针对的是与计算机行业相关的激光唱盘等产品的盗版问题，认为中国的侵权行为给美国企业造成了每年数十亿美元的损失。

面对6个月最后期限的威胁，以及美方宣布进行贸易报复的现实可能性，深知对方底牌的吴仪偏偏没有被美国人吓倒。她在记者招待会上毫不客气地警告美国："你们宣布报复清单之日，就是我们公布反报复清单之时。"

1994年最后一天，美国贸易代表坎特公布了对华贸易报复清单。仅两小时后，中国就公布了对美国贸易的报复清单。一家日本通讯社驻京记者评论说，日本在与美国的贸易谈判中，缺少的就是像中国的吴仪女士这样敢于对美国人说"不"的灵魂人物。

1995年2月4日，美国贸易代表坎特宣布了对华实施贸易报复的最终决定，而中国外经贸部则随即作出反应，也公布对美贸易报复的最终决定。相比之下，吴仪拿给美国人看的报复清单除贸易外还增加了投资一项。恰恰是这一项内容击中了美国人的要害。

清单公布后，坎特亲笔致函吴仪，邀请中国代表团到华盛顿进行最后谈判。而吴仪的回函则很明确：同意恢复谈判，但地点在北京而不是华盛顿。

随后，美国贸易副代表巴尔舍夫斯基从美国飞抵北京，新一轮中美知识产权谈判开始。

从中可以看出，在这场谈判中，我们所采取的对策是从气势上压倒对方的逼人气焰，不轻易让步。中方随后宣布对美报复贸易清单，表明中方立场的坚定，敢于对美国人说"不"，很好地打击了对方的嚣张气焰，捍卫了利益。

所以，即使在谈判陷入僵局的时候也不要轻言让步，不要认为只有做出让步才会使谈判得以正常地进行，你怎么知道对方一定不会让步呢？

不要以为你善意的让步会感动对方，使谈判变得更加简单而有效，这只是你一厢情愿的想法。事实上恰恰相反，在你的让步下，对方会更加有恃无恐、寸土不让，并且还会暗示你做出更大的让步。很多时候，你想以让步来换取对方的让步是绝不可能的。

现在，相信大家都应该懂得了：把握好自己的底线，不轻言让步，有时候更容易扭转谈判局面，帮助你获得谈判的成功。

用你的力量改变对方的观点

在谈判中，为了改变对方的谈判行为，首先必须改变对方的态度。我们应从对方预先的设想、已有的信念、所需与所求等为出发点，并推动他们向着我们的建议方向移动。每件事情都有其两面性，每一次谈判也都有满足和不满足的因素在内，双方也都会产生一些需要克服的反对意见。谈判能否成功，很大程度上就在于你如何去面对反对意见。这就取决于你如何在谈判中为自己争取到足够的讨价还价的力量，并且巧妙地运用你的力量去影响、改变对方的观点。

张先生的妻子视力不太好，所以得给她买一只长短指针分得非常清楚的手表才行。但现在这种手表非常难找，他们费尽心力，总算找到了一只她能够看得很清楚的手表。但是，坦白地说，那只手表的外观实在丑陋，很可能正是这个原因，这只表一直卖不出去，而且，它标价的 200 元也似乎太贵了点。张先生告诉卖表的商人，200 元太贵了。但商人却说这个价格非常合理，并且告诉张先生这只手表精确到一个月只差几秒钟而已。张先生告诉钟表商时间的精确与否不很重要，为了证明给他看，张先生还拿出了他妻子的旧表让他看："她戴这只 50 元的表已经 7 年了，这只表一直是很管用的。"但是，商人回答说："噢，经过 7 年后，她也应该戴只名表了。"当张先生指出这只手表式样不好看时，他又反驳说："我从来没有见过这么好的专门给视力不好的人设计的手表。"最后，经过一番讨价还价，他们最终以 160 元的价格成交。

其实，一旦你抓住了要诀，你就可以具有自己的力量，可以很圆滑地处理对方的反对意见，进而说服他们同意你的观点。

当然，在和对方谈判的时候，一定要让对方知道你很清楚他的观点。对方在谈判时，会作出一系列反应。首先，我们必须对对方进行评价，既把他们集合起来作为一个整体评价，也把他们分散为一些单独的个人进行评价。而后，我们再给对方一个刺激，这种刺激通常是以一种能吸引对方的建议的形式出现的。我们向对方提出的建议中所提到的一些好处，可以起到这种刺激作用。这会吸引他们作出一个响应，使之逐步朝我方观点发展。

这种塑造过程可以通过正面强化来进行，偶尔也可以通过反面强化来进行。所谓正面强化，即当对方说的话对我方方案有利时，我们将给予对方鼓励；而所谓反面强化，即当对方不支持我方方案时，我们就给他们设置阻力或后撤。

此外，还有一点必须注意的是，谈判通常是要使别人赞同你的想法、赢得他人的配合，所以必须去诉求对方想要的东西，而不是自己想要的东西。"这就像钓鱼一样，不是用自己喜欢吃的东西当鱼饵，而是要用鱼喜欢的东西当鱼饵。"知名学者黑立言曾说，"在谈判时不要跟人家说我要什么，而是要跟对方诉求说接受我的意见，他可以得到什么，这样才能引发他的兴趣，进而得到他的认同。"

比如说，如果你的小孩很讨厌做某件事，例如吃饭，通常你骂他效果都不会太好。但是，如果你能找到他心中的渴望，将他的渴望和吃饭连结在一起，往往会让小孩眼睛一亮，把饭吃光。其实，说穿了，你的要求并没有改变，饭菜也没有更好吃，但你说服小孩的方式改变了。利用他想要的动机来诉求，就比较容易获得对方的配合，达到自己的目的。

所以，谈判时其实有时候不需要用力推销自己，只需要在谈判的过程中，从言语、行为和思想上都不断地引导对方，激发对方对我方的响应，成功地说服对方，就可以获得谈判的成功。

认同的作用十分重要

在商务谈判中，认同的作用是十分重要的。如果谈判的对方认同你，就意味着与你有着共同的语言，可交流信息、相互理解、相互信任，可以相互合作。最为典型的表现就是，当我们问一个用户："你为什么总是购买那家公司的产品？"被问者往往会毫不迟疑地回答："他们的产品我们用来正合适。""我们感觉很好。"这就是认同的结果。因为如果你认真调查会发现，他们认为十分满意的产品，不见得在市场上就是一流的，而用户的心里感觉却是最好的。关于这一点，已经从国际上一些著名的谈判专家的研究中得到证实。

与认同相对立的就是排斥。由于认同带有感情作用的色彩，如喜欢、信任、偏好等。而排斥也带有感情色彩，如厌恶、怀疑、固执等。它由不同意你个人，导致他不同意你的观点，甚至扩大到其他方面。如果在谈判中，对方对你不是认同，而是排斥，要达成交易就比较困难。反过来，情况对你也一样。

形成排斥和对立的原因很多。一般来讲，丢面子、伤感情，都会造成双方的排斥。但在有些情况下，也会由于性格差异、文化层次不同、社会环境不同等因素造成交流堵塞，形成排斥。

那么，怎样清除排斥，使别人认同你呢？这就需要我们注意在游说的过程中随机应变，引导对方产生心理认同。

制定好了游说方案，但游说方案是死的，人是活的。即便事先有各种各样的推测假设，但也仅仅是假设而已。说辩局面，并不是由游说者单方控制的。游说对象可能提出一些始料不及的问题，说辩过程中也会出现突然情况。这就需要游说者有随机应变的能力，依据对方的变化，及时调整补充其游说方案。

游说对象听了游说者的说辞后，若有疑问，必然在表情上有所变化，或摇头、或皱眉。这时，游说者必须改变自己的说辞，或举实例证明自己使之不疑，或改用另外的话题来补充论证，应根据对方的表情变化及时调整说辞。本来，游说者与游说对象谈得蛮投机，但游说者又进行一番游说后，对方反而改变了态度，或提出怀疑，或表示否定。这时，游说者要依据这些言辞的变化而变换方法和说辞。或将对方的言辞简要总结，扼要说明以打消其疑虑；或从对方言辞中选择出对自己有用的东西，找出可资利用的话题，巧妙地引导到自己原先的思路上来。

游说者在游说时，应时刻盯着对方的眼睛。这样做一是表示专注于对方之辞，二可随时发现对方的心意变化，所谓"眼睛是心灵之窗"，盯住这扇窗户，就能把握其内心活动。对方听了说辞后，其心理活动会不自觉地显露在脸上，显现在表情中。游说者依此表情、脸色，就会发现游说对象的心意变化，依此调整使之相应。如果游说对象厌恶游说者提出的某事，就马上转换话题，以免产生差距，使游说对象与游说者难以达成共识，难以产生认同。若游说对象对游说者所提出的问题产生恐惧心理，表现出害怕之情，也应放弃这部分言辞。但是，在特殊的游说情况下，需要威吓游说对象时，则应夸大这一点。

总之，如果你在与别人的交流中表现出你是职业和理性的人，你就比较容易获得对方的合作、真诚与信任。同时，不过高地评价和表现你的职权、你的优越和与众不同，而应尽量强调你与他的感情一致、看法相近，要想办法表现你理解他的需要、观点，甚至是立场。如果你能坚持这样做，那么你就会获得别人的认同。

适时亮出你的杀手锏

商场如战场，商业谈判、项目合作跟打仗一样，千万不能让对方了解你的全部底细，让对手料定你别无选择。这是因为，每一方在摸清了对方的底细后，都会加大进攻的力度，切中对方要害，直取"大本营"。

委托方大寰宇是一家电机公司，接受美国汽车零件制造商克斯达的合同，进行工厂建设。但在支付费用时，双方发生了纠纷。克斯达以这样或那样的借口，拖欠工程费用。其实，大寰宇完成的质量也并不是特别好，于是要求减额支付。而克斯达则希望能够加快完工，然后才会考虑支付费用。工程完工不了，将会非常麻烦。面对这种局面，大寰宇不知所措了。"请停工！"我向大寰宇提出了建议。因为对于大寰宇来说，这是一张非常有效的"王牌"。另外，大寰宇还继续向克斯达施压："若在×月×日前，不追加工程费用，将不再开工。"其实，一开始时，大寰宇也有些担心：故意停工会造成克斯达的强烈不满，届时可能要承担巨额的赔偿责任。但是，我对大寰宇的负责人说："既然他们没有支付工程费用，就没有必要继续开工，也没有必要完成这一工程项目。"之后，大寰宇才正式地打出了"停工"这张"王牌"。一心想要工厂尽早运转的克斯达，一下子慌了。对于他们来说，如果不能尽早投入汽车零件的生产，就会违反与其顾客之间的合同。之后，克斯达与大寰宇进行主动联络："希望与贵公司尽快进行沟通。"最后，经过长达两天时间的谈判，他们选择了全额支付工程费用。

情感专家指出，值得回味的恋爱，应当是因距离而产生的思念和牵挂。你要与对方保持一种若即若离又恰到好处的亲密关系，使每次约会都有新鲜的感觉和意外的惊喜。要想让恋爱对象始终对你抱有兴趣，一定要在恋爱期间，让他对你有尚不明白、搞不清楚的部分，保持一点神秘感。同理，商业谈判、项目合作也要给对方充分的想象空间，让对方对你有一点儿幻想。商场上的幻想不能没有，也不能太多，关键是把握好"度"。

恰到好处，是保持与对方的距离，不要咄咄逼人；留有余地，是让对方保持对你的兴趣和幻想，以及更进一步接触的可能。

但是，你的"优柔寡断"不能让对方产生太多疑惑，以至于怀疑你的诚意。这就要给自己和对方都要留有余地，即使是咄咄逼人的谈判高手，也要适当地给自己和对方留有一定的回旋空间。这是因为，万一把自己弄得下不了台，这种尴尬会在谈判双方的心理上产生微妙的变化，甚至影响胜负的天平。除非你确信把对方逼到死胡同对自己有利，自己能够完全控制局面，否则一定要给对方留有余地。

所以，王牌的关键作用还体现在出牌时机的选择上。到底应当什么时候出，仁者见仁，智者见智。基本原则包括一是不能乱了心智，胡乱出牌，关键时刻掉链子；二是要提防躲在黑影里的对手或第三方打"闷棍"。但无论如何，你千万不能做聚光灯下的主角，被人家看得一清二楚。而对方在暗处，你的信息量又不足，不知道人家的底线，那就难以在较量中占得先机并达到目的。

你的手里握着的"王牌"，要适时地亮出来，才能在商场的厮杀中长久地立于不败之地。

反驳也要有艺术

在谈判的时候，说话一定要掌握技巧。如果你完全不同意对方的说法，也千万不要立刻反驳。反驳在通常的情况下只会强化对方的立场。所以，你最好先表示同意，然后再慢慢地使用"感知、感受、发现"的方式来表达自己的意见。

"感知、感受、发现"的美妙之处在于，它可以让你有更多的时间用来思考。假设你正坐在一个酒吧里，一位女士告诉你："即使这个世界上只有你一个男人，我也不会让你请我喝一杯酒。"以前从来没有人对你说过这样的话，所以你感到十分震惊，你不知道该怎么回答。但如果你已经掌握了"感知、感受、发现"的方法，你就可以告诉对方："我知道你在想什么，许多人也都有同样的感受，可我发现……"到了这个时候，你通常就会想出该说些什么了。同样，有时候你也会遇到一些倒霉的情况。比如说你是一名推销员，你拨通了一位客户的电话，希望能和对方约个时间好好谈一谈，可对方却说："我才不想和一个满嘴谎话的推销人员浪费时间呢！"这时，你可以平静地告诉对方："我非常清楚你的想法。许多人也都有着和你一样的想法。可……"这时你会发现自己已经恢复了镇定，也知道接下来该怎么做了。

刚开始时，你不妨告诉对方："我完全理解你的感受。很多人都有和你相同的感觉。（这样你就可以成功地淡化对方的竞争心态。你完全同意对方的观点，并不是要进行反驳。）但你知道吗？在仔细研究这个问题之后，我们发现……"下面举几个具体的例子。

比如说，你在推销某种产品，客户说："你的价格太高了。"这时，如果你和对方进行争辩，他就会拿出个人的亲身经历来证明你是错的，他是对的。可如果你告诉对方："我完全理解你的感受。很多人在第一次听到这个价格时也是这么想的。可仔细分析一下我们的产品和价格，他们总是会发现，就当前的市场情况来说，我们的性价比是最为合理的。"

再比如，你在申请一份工作，对方的人力资源主管告诉你："我感觉你在这个行业并没有太多经验。"如果你反驳说："我以前做过比这个更有挑战性的工作。"对方很可能会把你的话理解成"我是对的，你是错的"。这时，对方就会被迫地捍卫自己的立场。所以，你不妨告诉对方："我完全理解你的意思。还有许多人也都是这么说的。可我一直以来做的工作和现在贵公司空缺职位之间有很多共同之处，这些共同之处可能并不是那么明显。所以，我可以向你详细解释一下。"

或者你是一名推销员，买家告诉你："我听说你们的物流部门出了一点问题。"这时，如果你立刻反驳，反而会让对方怀疑你的客观性。所以，你不妨告诉对方："是的，我也听说这件事情了。我想，这个谣言几年前就已经开始流传了。当时，我们公司的仓库正在迁址，所以的确出了一些问题。但现在就连通用汽车和通用电气这样的大公司也开始与我们合作了，所以我们并没有什么问题。"

对方还可能会说："我不相信那些近海国家的供应商，我想我们还是应该把这个工作机会留给本地人。"你越是争辩，对方就越会拼命捍卫自己的立场。所以，你不妨告诉对方："我完全理解你的顾虑，因为最近一段时间很多人都有同感。但你知道我们发现了什么吗？自从第一次在泰国完成组装之后，我们在美国本土的工作机会增加了42%，因为……"所以，千万不要一开始就直接反驳对方，那样只会导致双方的对抗，一定要先表示同意，然后再想方设法转变对方的看法。

当你向一个人发起攻击时，对方自然也会发起反击。同样，当你直接反驳你的谈判对手时，对方自然就会奋起捍卫自己的立场。所以，在攻击要塞的时候，不妨用一用反驳的艺术。

妥协中的原则

在一些人眼中，妥协似乎是软弱和不坚定的表现。似乎只有毫不妥协，方能显示出英雄本色。但是，这种非此即彼的思维方式，实际上是认定人与人之间的关系是征服与被征服的关系，没有任何妥协的余地。在现实生活中，人与人之间的关系逐渐由依赖与被依赖的关系，转向相互依赖的关系。比如买东西，过去东西短缺，买家只能求着卖家。于是，价格自然是铁价不二，没有任何商量的余地。但现在不同了，市场经济下所形成的买方市场，买家与卖家的关系变为相互之间的依赖，使得讨价还价流行开来。在这种情况下，如果不肯作出任何妥协，那只能失去自身生存与发展的机会，成为最终的失败者。"妥协"其实是非常务实的、通权达变的智慧，智者都懂得在恰当的时机接受别人的妥协，或向别人提出妥协。毕竟人要生存，靠的是理性，而不是意气。

首先，它可以避免时间、精力等"资源"的继续投入。在胜利不可得，而"资源"消耗殆尽时，妥协可以立即停止消耗，使自己获得一个喘息、整补的机会。也许你会认为，"强者"不需要妥协，因为他"资源"丰富，不怕消耗。问题是，当弱者以飞蛾扑火之势咬住你时，强者纵然得胜，也是损失不少的"惨胜"。所以，强者在某种状况下也需要妥协。

其次，可以借妥协的和平时期来扭转对你不利的劣势。对方提出妥协，表示他有力不从心之处，他也需要喘息，说不定他内心已准备放弃这场"战争"；如果是你提出，而他也愿意接受，并且同意你所提出的条件，表示他也无心或无力继续这场"战争"，否则他是不大可能放弃胜利果实的。因此，"妥协"可创造"和平"的时间与空间，而你便可以利用这段时间来引导"敌我"态势的转变。

再次，可以维持自己最起码的"存在"。妥协常有附带条件，如果你是弱者，并且主动提出妥协，那么可能要付出相当的代价，却换得了"存在"。"存在"是一切的根本，没有存在就没有未来。也许这种附带条件对你不公平，让人感到屈辱，但用屈辱换来存在、换得希望，也是值得的。

那么，谈判中何时"妥协"？怎样"妥协"呢？

1. 要看你的大目标何在

也就是说，你不必把资源浪费在无益的争斗上。能妥协就妥协，不能妥协，放弃战斗也无不可。但若你争的本就是大目标，那么绝不可轻易妥协。

2. 要看"妥协"的条件

如果你占据优势，当然可以提出要求，但不必把对方弄得无路可退。这不是为了道德正义，而为了避免逼虎伤人，是有利害权衡的。如果你是提出妥协的弱势者，且有玉石俱焚的决心，相信对方也会接受你的条件。

这里强调的妥协并不意味着放弃原则，一味地让步。应当区分明智的妥协和不明智的妥协。明智的妥协是一种适当的交换。为了达到主要的目标，可以在次要的目标上作适当的让步。这种妥协并不是放弃原则，而是以退为进，通过适当的交换来确保自身要求的实现。相反，不明智的妥协，就是缺乏适当的权衡，或是坚持了次要目标而放弃了主要目标，或是妥协的代价过高而遭受到不必要的损失。因此，明智的妥协是一种让步的艺术。掌握了这种高超的艺术，是现代人成功谈判、取得胜利的必备素质。

能够妥协，意味着对对方利益的尊重，意味着将对方的利益看得和自身的利益同样重要。在个人权利日趋平等的现代生活中，人与人之间的尊重是相互的。只有尊重他人，才能获得他人的尊重。谈判中，在小妥协中实现大目的不仅是一种智慧，而且是一种美德。

报价的心理技巧

谈判人员在综合考虑了各种因素，做好了充分准备之后，即可确定一个大致的报价范围，并在此范围内报出最初价格，即提出开盘价格。卖方和买方由于所处地位不同，在提出开盘价格时，会运用不同的技巧。

1. 卖方的报价技巧

在第一次报价时，卖方通常在所确定的价格范围内报最高的价格，甚至比自己希望达到的最理想的价格还要高一些。运用这种报价技巧时，应注意以下问题：

开盘价格为对方提供了一个评价己方商品价值和质量的尺度。在一般人眼里（包括谈判对手），一分价钱一分货，高价商品总是具有较高的价值和较好的质量，而低价则容易让人怀疑商品的货色。

开盘价格报得高，在受到对方"攻击"时，可根据需要逐步降低开盘价格，作为"防御"或缓冲对方"攻击"的手段。

报出一个尽量高的开盘价格，为讨价还价提供了回旋余地。在谈判中，特别是在讨价还价时，谈判双方经常会相持不下乃至出现僵局。为了打破僵局，推动谈判的进程，卖方根据情况适当地作一点退让，有限度地满足对方的某些要求，可以使谈判按预定目标进行下去或换取对方在其他方面的让步。所以，开始高报价，就为以后的价格磋商准备了有用的交易筹码。

开盘价格与报价者的实际收益有密切的关系。开价越高，在对方接受的情况下，报价一方得到的好处就越多。

开盘价格给己方的要价定了一个最高限制。往往开盘价格一报出，自己就只能从这一点往后退，不可能得到比开盘价格更多的利益，因为对方不可能接受另一个更高的价格了。

总之，初次报价尽量要高，但也要防止开价太高而给人"漫天要价"之感，这样会影响谈判的气氛，而且到后来有可能不得不作出更大的让步。在高报价的具体掌握上，应把报价的高低同谈判对手的意图、谈判作风、与我方交往的历史以及是否打算与我方继续真诚合作等联系起来考虑。如对方是我方的老客户，合作关系很好，彼此也都较为了解，我方就不必采取"预先加码"的报价技巧。

2. 买方的报价技巧

买方在最初报价时，应在自己确定的报价范围内尽量报最低的价格。运用这种报价技巧时，能带来以下好处：

为保护己方利益设置了第一道防线。最低价一递出，自己就只能守住这条防线或从这道防线往后退，不可能得到比最低价更多的利益了，因为对方决不会再接受比最初报价更低的价格了。

为对方还价准备了回旋余地。就像卖方一样，买方也可以在递上最低价后视谈判进程中对方的讨价还价要求适当提高价格，从而掌握价格谈判的主动权。

能够表明谈判者的信心和实力。较低的报价在某种情况下是谈判者信心和力量的表现。它表明谈判者对想从谈判中得到的东西并不是急不可待，表明谈判者对市场行情、对手意向以及对方产品质量有较为清楚和准确的了解，也表明谈判者还有其他的货源渠道。这种信心和力量常常会给对方造成心理上的压力，使其不敢轻易提价。

有助于实现谈判者的利益。在报价资料信息掌握得比较充分可靠，并且策略运用得当，递价比较可行的前提下，开盘递价越低，递价一方所得到的利益就越多。

当然，运用"递价要低"这种技巧时，要注意适度，避免给人造成随意压价的印象。另外，不要贸然评论或赞扬对方以往的质量、交货、服务或销售方面的优点，以免和低递价的初衷相悖。

谈判中的感情投资

感情投资是谈判的一个微妙的策略。纽约著名语言学家李特登说得好："人们都愿意说自己只受理智的支配，但其实，整个世界都被感情所左右。"

人所追求的不仅有利益的满足，而且有情感需求。在谈判过程中，谈判高手并不希望改变人性而只是充分利用人性的特点。因此，在谈判中，承认和利用人的情感是十分重要的。

心理学研究证明，人与人之间的友谊和好感，需要在实际交往中形成。只有多接触、多交往，才能加深双方之间的相互了解。在谈判中，也有感情积累的问题。甲方与乙方可能需要接触许多次，才能建立起良好的关系。

在把新对手变成新朋友的过程中，要注意两点。

一是逐步推进。在把新对手变成新朋友的过程中，谈判高手总是注意审时度势地、自然合理地逐步推进与对手的关系。过急的举动，过分的亲热，都会被认为是套近乎，甚至引起对手反感。

二是利用场合。人在不同的场合会扮演不同的角色，不同角色的总和才是一个人的全部内涵。只了解谈判场上的对手并不是真正的了解和全面的了解，谈判高手总是注意在不同的场合中了解对手、理解对手。

在谈判桌上，由于各种因素制约，如利益冲突、身份限制、团体影响、记者报道等等，谈判双方很难建立起友谊和好感。因此，寸土不让的情况并不少见。为了把对手变为朋友，谈判高手总是把谈判过程与其他过程交织进行。一般来说，在谈判时不会把所有的日程都排成正式会谈，在正式会谈之外会有参观、访问、宴会、娱乐等等。要善于用这些活动建立双方的友谊和情感，为谈判的顺利进行创造条件。

"回眸一笑"是厚黑学策略之一，意指要用最少的时间赢得对手的好感，上策是减少每次交往的时间，增加会面次数。这一策略的正确性已为社会心理学证明。

一个谈判者能够花在笼络感情上的时间，其总量是有限的。若能有效运用这一策略，不仅能节省时间，而且能起到事半功倍的效果。其道理在于：缩短见面时间，增加见面次数，缩小暴露自我不足的可能性，充分显示你的长处，在有限的时间里给人留下最佳的印象。同时，还能与更多的对手建立友谊。

还有一个办法就是：有时间差的感情投资。这种感情投资的时间差，会给你带来利益，使少量的感情投资收到较大的效果。因此，你应当尽量拉开上述两种距离。

一个谈判者往往希望尽快收回感情投资中的投资成本，如时间、精力、金钱等，本是理所当然的。但谈判高手却能接受感情投资中的投资成本延期偿还的现实。因为在施恩予人后过急地索取回报，往往会使对方产生反感，引发对抗情绪。你的对手如果老于世故，甚至会敷衍了事，搪塞拖延，假装糊涂，装疯卖憨而又憨进不憨出，就像一条老奸巨猾的鱼，吃了你的鱼饵而不上钩。谈判高手知道，感情投资一旦为对手真正接受，投放期限越长，收益越高。人情味越浓，它越能使对方真心诚意、积极主动地为你服务。

谈判摸底的心理策略

实际的谈判过程，是从摸底阶段开始的。在此阶段，谈判双方旁敲侧击，窥测对方意图，双方互相了解对方的期望。谈判高手善于从对方表面的陈述中探出其真正的意图，并隐藏自己的期望值。

1. 投石问路

任何一块"石头"，都能使买主更进一步了解卖主的商业习惯和动机。

"投石问路"这个策略，迫使卖主进退两难。面对许多买主提出的看似无害的问题，想要拒绝回答是不容易的。所以，许多卖主宁愿降低他的价格，也不愿意接受这种疲劳轰炸的询问。

反过来，站在卖主的立场上，聪明的卖主在买主投出"石头"，要求"假如"的资料时，要仔细考虑后再答复。一个精明的卖主，可以将买主所投出的"石头"变成一个很好的机会。针对买主这种想知道更多资料的要求，可以趁机向买主提出自己的建议。

2. 虚张声势

一般地说，谈判人员陈述时不能含糊其辞，叫人捉摸不定。但是，我们也必须辩证地看问题。如果有些问题不宜正面具体回答，可以回答一些非常概括、原则性的问题。当回答一个令人发窘的问题时，所给予的回答应该是简短的。从表面上看来，似乎已经完全回答了对方的问题，答案中的确包含某种程度的真实性，而且可以面对任何挑战来证明其中每个字的正确性。但实际上，并没有任何资料的补充，甚至可以说是什么也没有回答。

一个优秀的谈判者应保持高度的警觉。我们可以通过询问对方一些我们早已知道答案的重要问题，来衡量对方是否诚实。从对方的反应和回答里，便可以探知许多事情。

虚张声势虽然不能说是不道德，却很冒险。虚张声势的人可能会因此而失去对方的信任。所以，我们认为，最好还是诚实经商，那就是了解营销的内在规律。

3. 统计战术

数字是权力的一项很微妙的来源。收集数字的人常常控制着决策。即使本意很好，数字还是难免发生重大的错误。当有人用统计数字为自己的某种目的服务时，虚假的统计数字更是不可避免。

统计数字具有催眠的力量，它们本身并无好坏可言。挖掘得愈深，愈能显出它的真正意义。隐藏在数字里的，可能是故意制造出来的事实、解释、假设和个人的价值判断以及几个愚笨的错误。可是，这一切你却无法从表面轻易看出。所以，对于统计数字要保持审慎的怀疑态度。

4. 浑水摸鱼

把繁杂的事情简单化是一种技巧，但把简单的事情搅得复杂化也是一种策略。浑水摸鱼是指谈判者故意把水搅混，从中取利。当前，国际谈判桌上就流行把简单的事情搅乱的方法。

谈判本来应当是一种循序渐进，逐一解决问题的过程。而浑水摸鱼则反其道而行之，谈判者故意将谈判的正常秩序打乱，把乱七八糟的问题一股脑摊给对方，使人心烦意乱，难以应付，以实现使对方忙乱失误的目的。

谈判经验证明：当人们面对一大堆理不清的难题时，就会心灰意冷，如果一方被推到如此境地，就可能会逃避或不自觉地滋生出依赖对方的情绪。

使用这种策略的目的是：

看对方是否已准备充分，是否愿意重新了解不熟悉的问题。

促使对方更辛苦地工作，有时甚至可以趁机打探对方在压力下保持理智的真实能力。

转移对方的视线，分散对方对关键问题的注意力。

把某一议题的讨论暂时搁置起来，以便抽出时间对有关问题作更深入的了解，查询更多的信息资料。

可作为缓兵之计，以另寻其他对策，研究更为妥善的办法。要对付这种战略，首先要具备自信心。

防御的要诀，是在你尚未充分了解之前，不要与搅和者讨论任何问题。耐心和勇气会帮助你对付擅长搅和的人，把事情一件一件地弄清楚，不要让他有浑水摸鱼的机会。

打破谈判僵持的策略

谈判的僵持阶段，是谈判双方实力和智慧较量的攻坚阶段。只要很好地利用下面这些策略，就能帮助你顺利度过这个阶段，达到预期的谈判目标。

1. 沉默的力量

沉默是一种奇妙的策略，它可以像生气、哭泣一样具有影响力，而且容易得多。对某些人而言，在所有情绪上的影响力中，沉默有着最大的影响力。

当一方表现出沉默的态度时，通常会让对手感到不安，迫使对手继续说话，从而很容易得到许多不能轻易得到的信息，以达到平衡的状态，充实信息资源。

2. 走为上策

在僵持阶段，走开是另一种策略。特别是在出乎预料的时候，突然离席会使对方吃惊，并让留在现场的一方非常沮丧，它使未来的状况模糊不清，不可预测。

假如双方正在就某一问题进行谈判，谈判进行到实质性阶段，双方争执不下，气氛紧张，出现僵局。这时，对方突然离席。对方的举动使我方很不安，并开始分析目前的状况：对方是否因为愤怒而离开？对方的离开会不会导致谈判破裂？如果谈判破裂，我方是否要采取和解性行动以恢复谈判？

在谈判中，暂时躲避对方，常能造成对手不安。在通常情况下，买方较卖方更容易躲避对方，而卖方由于害怕买方因此中断生意，比较不易躲避。

被躲过的一方通常会寻找适当的途径来重新谈判。例如，由真正决策的人出面，向对方保证，双方的观点上级已经知道了，推翻前议，更换一个较合适的谈判者。

3. 出其不意

在谈判桌上常常把惊人之举作为一种策略来运用。诸如，惊奇的问题、惊奇的材料、惊奇的行动、惊奇的语言等等。采取出其不意的谈判策略的一方，旨在利用突然袭击的方法、行动或态度的改变，使对方在毫无准备、无法预料的新情势下不知所措，进而从中赢利的谈判结果。

4. 以弱取胜

中国有句古话，叫做"大智若愚"，即有智慧有才能的人，不炫耀自己，外表似乎很愚笨。因为显得非常果断、能干、敏捷、博学或者理智的人有时并不见得聪明。如果你能了解得缓慢些，少用一点果断力，稍微不讲理些，也许你反而会得到对方更多的让步和更好的价格。三位日本绅士代表日本航空公司，就成功地运用了这种策略对付大批的美国公司代表。

美国公司代表以压倒性的准备资料淹没了日方代表。会议从早上8点开始，进行了两个半小时，用了图表解说、电脑计算、屏幕显示，以各式的数据资料来询问日方的价钱。

在整个过程中，三位日方代表只是静静地坐在一旁，一句话也没说。终于，美方的负责人关掉了机器，重新拉亮灯光，转向日方代表："意下如何？"一位日方代表斯文有礼，面带微笑地说："我们看不懂。"

美方代表的脸色忽地变得惨白："你说看不懂是什么意思？什么地方不懂？"

另一位日方代表也斯文有礼，面带微笑地说："都不懂。"

美方发言人带着心脏病随时会发作的样子问道："从哪里开始不懂？"

第三位日方代表以同样的方式慢慢答道："当你将会议室的灯关了之后。"

美方代表松开了领带，斜倚在墙边，喘着气问："你们希望怎么做？"

日方代表同声回答："请你再重复一遍。"

这时谁是鱼饵？是谁在愚弄谁？谁又可以将秩序混乱而又长达两个半小时的介绍重新来过一遍？美国公司终于不惜代价，只求达成协议。

因此，决不要太快了解全意，或是急于证明自己的才干。即使你知道什么是答案，也要多问少答。更有甚者，当你向某人寻求帮助，在接受帮助的同时，对方即投入时间的资本，增加了对你有利的情况。在谈判中，看似愚笨的一方往往占到便宜，言语笨拙的往往超过口齿伶俐的。

所以，你不妨试着偶尔去说，"我不知道"，"我不懂"，"帮帮我"，"我不清楚你的意思"，将这些词句适当插入你的需求中。

5. 火上浇油

火上浇油可以迫使对方放弃犹豫不决的态度，达成协议。在谈判的僵持阶段，常常使用这种策略。

火上浇油策略常用来向卖主试探价格是否可以再降低。让我们看一个船舶商人怎样运用火上浇油策略试探卖主对较低价格的反应。他先说出某人的价格较低来减少卖主的期望，然后再提出一个稍微高一点的价格。卖主相较之下，会觉得这个价格还行。

古董商人也会运用火上浇油策略来提高古董的市价，这个方法非常有效。例如，有一个买主对某张标价350元的古老书画流露出特别的兴趣。这时，有两个矮小的老妇人刚好从旁边经过，其中一位老妇人对另外一位说："好可爱的书画！它的价值实在不止350元，这张书画是150年前或更久以前的呢！真希望我有钱就好了，我会马上买下来。"结果，卖主卖掉了那张350元的书画，实际上它可能只值200元。买主在不知不觉中被不道德的生意人煽动了。

6. 黑脸白脸

黑脸白脸，又称坏人与好人策略。先是由唱黑脸的人登场，他傲慢无礼、苛刻无比、强硬僵死，让对手产生极大的反感。然后，唱白脸的人出场，以合情合理的态度对待谈判对手，并巧妙地暗示：

若谈判陷入僵局，那位"坏人"会再度登场。在这种情况下，谈判对手一方面不愿与那位"坏人"再度交手，另一方面被"好人"的礼遇迷惑，而答应他提出的要求。

谈判中的"坏人"可以以各种不同的面目或形式出现在谈判中。他们可能是人，也可能是事情；可能是真的，也可能是假的。

7. 失踪策略

在谈判时，对方最高主管因事退出，使谈判陷入僵局，所有事情必须等他回来再谈。这是对方在使用失踪策略。

一方使用失踪策略，就能在很大程度上掌握了谈判的主动权。缺乏经验的对手在推延期间常抱有很大幻想。事实上，有时到了最后，他们往往宁愿作出让步，而不愿使交易告吹。

对付失踪策略的最佳防卫是一开始就小心防备。在商务谈判前，先了解对方公司组织的结构，同时请他写下每个主管的权力范围。他给你的资料越多，你就越不必忧虑。

当有人运用这个策略对付我方时，我们也可以其人之道还治其人之身，反击回去。在"失踪人"没回来以前，坦白地和对方商谈。一旦涉及他们的最佳利益时，"失踪人"自会出现。

8. 情绪策略

如果谈判的情绪在谈判必要的时刻突然爆发出来，就会使周围的人感到震惊、恐惧，至少他会怀疑自己说错了什么、做错了什么。在谈判中，谈判人员常常无法忍受突发的情绪爆发。情绪策略就是在谈判过程中遇到无法摆脱的困境或其他必要的情况时，借助于突如其来的情绪宣泄，达到震住对方，使之妥协的目的。

让步盈利的策略

谈判双方如果只是一味地想使对方改变立场，自己却不愿做任何让步，谈判将很难取得成功。要打破僵局，必须适当地作一些让步。然而，在谈判的实践中，如何让步，何时让步，该让多少，以及如何用让步来赢得利益等等，这些问题不都是那么容易解决的。不过，我们可以从以下两个方面来做到让步盈利的目的：

1. 让步应掌握的原则

谈判中的让步虽是谋取利益的手段，但有必要与没必要、恰当与不恰当之别。谈判过程的让步，应把握以下原则：

创造有利于谈判的和谐气氛。谈判是双方寻找满足共同利益的过程。在这一过程中，双方都需要作出一定的牺牲来创造谈判的和谐气氛。否则，谈判就无法维持下去。当谈判出现了互不相让的局面时，谈判中必要的协商气氛就会受到破坏，借助谈判来满足需求的愿望就无法实现。在这种情况下，恰当的让步，是谈判正常进行的前提。在维护己方根本利益的前提下，用让步来保证谈判中平等协商的和谐气氛，都有利于谈判的成功和实现谈判的总目标。

让步必须服务于谈判的总战略。尽管让步在谈判活动中常常受制于各种偶发因素，打乱了提前拟定的让步策略，但这种变化后的让步，决不能损失总体谈判战略，以致顾此失彼，因小失大。谈判中的任何一种让步，都会向对方传达一定的信息，体现一定的利益变化。谈判中的让步，决不能与谈判的总策略、总目标发生冲突，

213

自己给自己制造障碍，有效必要的让步要能为己方实施总战略开拓道路，清除障碍，不能仅仅考虑谈判的气氛和暂时性的原因而危害大局。

让步不得损害长远利益。让步是一种付出，是以赢得总体利益为目标的付出。如果一时的让步损害了己方的长远利益，那么这种让步即使在局部上获得了再大的成功，从长远利益来看也是失败的。例如，中美合资的高技术型企业，北京贝利控制有限公司的技术转让谈判，美方以转让高技术"受美国政府的限制"为由，将与我国友好的前几个"社会主义"国家的名字列入合同中规定不能销售"合同产品"的区域。这在当时有损于我国与这些国家的长远利益，所以，中方对此不能让步。

让步至少应该得到对等的利益。谈判活动的核心在于利益交换。谈判各方志在必得，以小的让步换取大的利益，这是正常的。但在实际谈判活动之中，让步与索取相互制约。虽然谈判中绝对的均等、合理是不存在的，但悬殊不会太大。任何一个成功的谈判，都不会是一方全得、另一方全失。因此，从原则上来讲，一次成功的让步，至少应该赢得同等的利益回报。如果一次让步没能换来必要的利益，这种让步便是失败的。

让步的过程应步步为营。步步为营是指军事上每前进一步，都要做己方占据阵地的加固工作。同样，在商务谈判中也要讲究每作出一点让步，就应该巩固阵地。在谈判过程中的让步，要一点一点地让。每让出一步，都要让对方作出艰苦的努力。只有这样，对方才会重视你的让步。

让步要善于掩饰己方的真实原因。在整个谈判过程中，暴露己方的真实意图，无疑是错误的；尤其在让步阶段，透露出自己的真正意图，是一个致命的错误。

2. 让步的心理策略

无损让步。谈判中的让步，可以表现谈判者的诚意和宽宏大量。但有的人认为，让步会损害己方的利益。这种想法不无道理，但也不尽然。

中国古时候有一则寓言叫"朝三暮四"，是说这样一个故事：主人给一只猴子吃饭，早上给它吃了 3 升橡子，晚上给它吃了 4 升橡子。猴子感到不满意，主人便重新作出安排，早上给它吃 4 升橡子，晚上给它吃 3 升橡子，这只猴子满意了。朝三暮四和朝四暮三，主人其实并未作出让步，但猴子却满意了。这就是于己无损的让步。

先硬后软。要打破僵局，谈判者必须作出小小的让步。开始是作较小的让步好，还是作较大的让步好？美国心理学家切可夫和柯里对此做了一个实验。在协商中主试对被试采取了让步程度相等、略小一点、更小一点三种策略。结果表明：主试作出小小的让步，被试更愿意付出较高的代价；主试作出较大的让步，被试付出较低的代价也不愿意。

前苏联就擅长用这种方式做交易。大约 30 年前，他们看中了长岛北岸的一大片土地，计划在那里替使馆人员盖一幢包括活动中心在内的宿舍。那时，土地的售价在 36 万至 50 万美元之间，卖主希望得到 42 万美元的售价。在这项采购业务中，苏联付出小额代价以换取一年内独家采购的权利，从而使交易过程得以保密。在没有竞争的条件下，他们态度强硬，只肯出 12.5 万美元的买价。地主知道 12.5 万美元的提议非常荒谬，但按照协议，不可能有第三方出价。双方僵持了 3 个月，苏联作了小小的让步："我们知道这价钱是低了些，或许我们可以多出一点。"结果，他们轻而易举地使地主自动将要价降到行情的最低价 36

万美元。

　　运用这种策略时，一开始态度要强硬，让步要慢。借助这种方法，谈判者一开始便可削弱对方的信心，同时还能趁机试探对方的实力，并确定己方的立场。当然，如果双方都持强硬态度，就会使协商中断。因此，开价时务必谨慎，必要时应做些让步。

第八章　释放职场压力的智慧

细数那些有形无形的压力

社会的发展，对从业者的能力和素质的要求越来越高。在充满竞争和压力的环境下，人们加班加点地忘我工作，实现自我价值。但因超负荷工作、个人发展、职位升迁和工作业绩等原因导致的压力，困扰着年轻的你。

1. 你在承受哪些职场压力

职场压力又称工作压力，是指当工作的要求与工作者本身的能力、资源或需求不能契合时，个人所对应产生的不良情绪及生理反应。那些来自工作环境的会让人感受到威胁的状况，心理学家称之为职场压力。下面就是容易在大多数人身上形成的职场压力：

（1）不明确的角色规定

在工作中，我们常常碰到这样的事情：得不到明确的工作指令。我们甚至不清楚应该干什么、负责到什么程度、下一个人该从哪里接手工作。这种不确定性使得我们常常为一些本不属于我们负责，却出了差错的工作而受责备。一些同事似乎很在行地用这种方法把责任转嫁到我们身上，留给我们的只有强烈的苦闷和愤慨，有时还夹杂着负罪感，连我们自己都觉得那件特殊的工作确实应由我们来承担，至少应该事前预见，并在事情发生后采取措施。

不明确的职责规定也使我们进退两难，假如无所事事，会被指责为碌碌无为；假如积极主动，又会被指责为越俎代庖、拆同事的台或是窃取成果。这样的例子俯拾皆是。不明确的职责规定使我们无法对各项工作给予时间和顺序上的最佳排列。于是，压力便产生了。

（2）角色定位出现矛盾

当职业的两个方面互不兼容时，由角色导致的压力也会产生。如对学校的教师而言，其角色之一是那些处于麻烦中的孩子们的引导者，角色之二却是纪律的执行者和学校权威的维护者，这两个角色有一定的冲突。一个人不论做什么，总会看到自己的不完善，从而产生内心矛盾，害怕那些不完善会被上司发现而受训斥，以致最终不恰当地对自我做出过低的评价。

（3）缺乏相应的权力

就多数人而言，在生活中拥有一定的发言权会缓解潜在的压力程度。大多数人在工作中都希望自己拥有左右形势的权力，希望有人能倾听自己的意见。

（4）缺少和他人交流

无论一个人工作多么出色，缺少与同事的交流仍然可以成为压力的潜在来源。交流渠道不畅产生的后果常常使工作缺乏准确依据，重要的信息没有传递到相应的地方，对事情的控制能力也就会减小。由于得不到来自同事的评价反馈，一些人会陷入与同事孤立隔绝的状态，致使感情变得脆弱，缺乏自信。孤立感还会造成工作中额外的压力，如果没有人熟悉你工作的详细情况，如果你因生病或急事请假，就没有人能够接替你的工作，这的确是一个沉重的负担。

（5）职业状态缺少变化

富于变化的工作就像自由的空气一样令人头脑清新，并富于创造力。从事单调乏味工作的人会产生一种"饱和"心态，从而出现职业厌倦。假如每天要做的事情都是同一模式，一定会使人恐慌，生活就会变得枯燥无味、令人压抑。年复一年地在同一时间做着同一件事，唯一的区别仅仅在于年龄增长。这样下去，不仅工作的热情会消失殆尽，内心的恐慌也会带来无形的压力。

（6）知识更新太快

以拥有知识为荣的办公室一族其实很害怕知识更新。因为对于他们中的大多数人来说，知识更新得太快是其产生工作压力的罪魁祸首。许多高学历者认为自己的工作压力既不是竞争对手所致，也与"工作时间无规律、加班加点"无关，而是"专业知识更新快、知识结构不完整"造成的。这其中又有两成多的人认为"公司无法给予培训和学习的机会"，更加剧了自己在知识更新速度过快的大背景下的焦灼感。

（7）与上司冲突

与上司不和是压力的一个重要来源。可以说，上司能够直接对我们的工作施加压力，控制我们的职务和工作权限，给予或撤销我们的提升机会，提高或降低我们在对手眼中的地位……毫无疑问，老板可以主宰员工职业生涯的许多方面。

另一种产生于员工与上司关系中的压力是：员工得不到上司应有的赞誉，所以感到被轻视，其对工作的热情以及积极进取的精神受到挫伤。如果上司不断地批评人，或习惯性地插手下属的工作，极易损伤员工的创造力，令员工无法真正地释放自己的潜能。

（8）与同事冲突

工作在整日相处的同事之间制造了大量的冲突机会，为了地位、势力范围或工作的某些细节而产生出的矛盾几乎发生在每一个写字间里。于是，本来可以在工作中相互帮助的人却如仇人般相互折磨，置身于一个充满了指责与反指责的工作氛围中，极少有人会承认自己的不足。有时，人们不仅要面临与工作相关的合法竞争，还要被迫面临许多无谓的纷争。

（9）工作过度劳累

职业的满足感来自看得见的劳动成果，倘若不断地被迫在一项工作尚未完成之前又转做另一项工作，将极大地降低这种满足感，从而导致失意和痛苦的情绪，最终干扰正常的工作进程。如果无法自始至终地完成一项工作，就无法评估自己在工作过程中采用的各种策略与方法的价值，也就无法改进今后的工作。没有一个人能在不断的压力之下发挥最佳作用。工作的间隙，也需要一些短暂的时间喘口气，欣赏一下周围的景色，重新调整自己的思维……倘若没有属于自己的、可以静下心来思考工作的时间，我们就会像陀螺般旋转，最终失去自我。

2. 职场压力过大危害身心健康

适度的压力有一定的积极意义。但长时间过强的心理压力则是非常有害的，其危害健康的表现形式多种多样。例如，承受压力过多的人可能会血压升高、尿频、易怒，作例行性的决策有困难，缺乏食欲，易出事等。医学专家把这些症状归纳为三种类型，即生理症状、心理症状和行为症状。

（1）生理症状

压力感出现初期，容易使人先注意到其生理症状方面。这主要是因为，这些症状是最明显的而且比较容易描述。压力感会使患者的新陈代谢出现紊乱，心率、呼吸频率加快，血压升高、头疼，易引发心脏病。加拿大学者舍利曾研究持续的高压力对身体的影响，结果发现身体会产生一系列生理反应，这个反映包括三个阶段：警觉反应阶段、抗拒阶段和耗竭阶段。

①警觉反应阶段

个体的生理会产生各种改变，以使受威胁的个体迅速恢复正常。不论压力来源是生理性的，还是心理性的，它们都会产生相同的生化改变，出现相同的症状，如头痛、发烧、没有胃口等。

②抗拒阶段

如果个体持续在上述压力环境中生活，就会进入抗拒阶段。此时，警觉阶段的生理反应渐趋正常，对原先的刺激抗拒力增加了，但对其他压力来源的抗拒反而降低了。

③耗竭阶段

当伤害性压力来源持续过久，个体无法抗拒下去，就进入"耗竭期"。个体无法再适应这些压力，第一阶段的许多症状又重新出现。如果压力来源再继续，个体会得病甚至死亡。美国医学界认定七种与心理压力有关的疾病：甲状腺功能亢进、支气管气喘、风湿性关节炎、神经性皮肤炎、胃溃疡、溃疡性结肠炎以及不明原因的高血压。

心理学研究表明，一半以上的疾病与压力有关。心理学家对动物的实验研究表明，面临压力而长期情绪紧张，将影响个体消化系统的功能，产生溃疡病。

有关研究显示：医学院的学生在期末考试的一周之内，其免疫系统的功能与平时相比大为降低，但存在较大的个别差异。一项对117位住院心脏病人所做的调查显示，有20%的病人在心脏病发作时并没有明显的气质性疾病，但他们在发病前24小时内都曾体验过突发性的心理困境，如愤怒、恐惧、过于激动等感情情绪反应。

这说明，压力与人的生理与心理疾病存在密切关系。现在，人们越来越重视心身疾病的研究。心身疾病是指心理社会因素在疾病发生、发展、变化过程中占据主导作用，并产生明显的生理结构和功能障碍的疾病，而压力引发的持续紧张状态常常是致病的主要原因。

（2）心理症状

压力的生理反应是自发的和可测的，我们通常不能用意识来控制它。而心理反应则不同，它常常决定我们的知觉、对事件的解释和处理能力。由压力引起的心理反应有警觉、注意力集中、思维敏捷、精神振奋，这是适应性的心理反应，有助于个体应对环境。但过度的压力会产生消极的情绪，如焦虑、愤怒、沮丧、抑郁等，从而使人的思维狭窄、自我评价降低、记忆力下降、注意力分散、缺乏自信心。

工作压力的心理症状主要表现在情绪和认知两个方面：

①情绪症状

压力往往会带来不愉快的情绪，表现为忧郁、焦虑、紧张，也可表现为易怒、暴躁。当受过一些过度压力事件的刺激（如空难）后，个体甚至会产生情绪性的创伤及心理异常。

②认知症状

当一个压力源被认定对个人有威胁时，智力的功能就会受影响，压力越大，认知的功能和理性思考就会越差。压力会干扰对问题解决、判断和决策的能力。在压力状况下，我们的知觉范围缩小了，思维比较刻板、固执，所以很难会有创意性的反应。

（3）行为症状

压力感的行为症状包括饮食习惯的变化、嗜烟、嗜酒、生产率降低，压力还会产生重复、刻板的动作，对环境的反应力减弱。在压力下，人们在工作中往往会出现以下行为症状：

拖延和逃避工作；

工作绩效和生产能力下降；

酗酒和吸毒人员增加；

工作完全破坏；

去医院的次数增加；

为了逃避，饮食过度，导致肥胖；

由于胆怯，吃得过少，可能伴随抑郁；

没胃口，瘦得快；

冒险行为增加，包括不顾后果的驾车和赌博；

侵犯别人，破坏公共财产，偷窃；

与家庭、朋友的关系恶化；

自杀或试图自杀。

改变不了老板就要改变自己

在巨大的压力之下会产生极大的疲惫，让你喘不过气来的工作都是拜老板所赐。有时候，你一边恨得牙根痒痒，一边还要承受、顺应，看不到自己创造的成绩就一脸倦容，看到老板总是拧着的眉头又深感疲惫——那种让你无力的感觉，就是压力。

谁也不是永远转动的机器，面对来自老板的"重压"，既然不能在压力下消亡，那就要寻找在压力下的"抗争"。也许来自老板的压力多种多样，但学会处理，把压力不断地转化与释放，同样可以快乐生存。

如果老板本人就是工作狂，他们大都希望自己的属下和他们一样，视工作如生命。他们仿佛吝啬鬼收集宝物一般地收集工作，可在布置任务给下属的时候又变得慷慨之至，仿佛在向别人赠送心爱的礼物。我们把这种类型的老板称为馈赠型老板。在通常情况下，他们疏于考虑自己分配下去的任务量有多少，下属需要花费多长时间可以搞定，他们想当然地认为你应该以办公室为家，日日夜夜伏案工作。在他们的字典里，"休息"这个词似乎早就不存在了。

这个时候，下属应该主动与老板沟通交流，若口头上的陈述有故意推托之嫌，不如书面呈送工作时间安排与流程，靠数据来说明工作过多，让老板相信，过多的工作令效率降低，工作完美度会直线下降。合理正确的沟通会令老板了解你的需求，适当调整任务量及完成时间，或选派更多的同仁来帮你分担。

世界上有没有好好先生不知道，但很多职业人却非常倒霉地遇到了"不好"的老板。所谓"不好"的老板，就是无论你拿出怎样的策划方案，他都说"不好"！

做广告方案工作的小昭最近很是头疼，因为她的老板就是这样一个典型的"不好"的老板。"当我低眉顺眼地向他询问到底欠缺在哪里时，他倒是很直接：'我也不知道到底哪儿不好，但我就是觉得还有不完美的地方。总之，你还要继续，要不，就重来。'"每当小昭递交方案后从老板的办公室里走出来时，心情都会跌落到谷底。"他的挑剔就像一把尖刀，总是把我精心雕琢的东西刺穿，一次又一次地重新来过，让我觉我的才华与能力都与我无关。渐渐地，我都要失去对工作的兴趣了。"

小昭清楚地意识到，如果再不调整，自己最终会从这家待遇极佳的公司灰溜溜地走掉。"逃，不是我的性格，但我还是独自跑到一个山清水秀的地方待了一阵，仔细思忖我的压力究竟来自何方。终于，我明白对一个追求完美的老板来说，我的压力来自他的挑剔。我决定从下一个方案开始，我要挑战他，一定要让他说出'好'字！"小昭接手一个食品广告的方案创意后，精心地准备了3套方案，在这 3 个侧重点不同、宣传风格迥异的方案中，小昭把自己的视角调整成了一个挑剔者。几个通宵的无眠之夜过后，"虽然面对着提交的方案，老板还是摇头，但当我说出最后的思路：把 3 份方案的亮点结合在一起时，他的笑意也渐渐浮现出来。借此机会，我明确地表示希望他以后尽量从我的尽善尽美中找出不那么令他满意的地方来。要知道，这无疑也是给老板一个不大不小的回马枪呢！终于，我的压力释放了，我学会了如何把压力丢回给那个施压者，并从中品尝超越压力的无限快乐。"

有一种老板觉得临时出现的事情是大事，似乎早做准备的都是可以延后办理的。遇到这样的上司，你永远会被莫名其妙的事情打乱自己的部署与计划，拎着包匆匆跑在远离计划的路上，等回来再坐到办公桌前，一切都变得毫无头绪。这种喜欢无时无刻不面临"危机"的老板，常让所有的部下处在一种忧虑状态。

要懂得吃一堑长一智，既然改变不了老板的行事风格，就要改变自己，不轻易踏入重压的陷阱。现在，在老板布置工作时，要很认真地做个记录，因为好记性不如烂笔头。一来，会把这项工作的方方面面都领会清楚；二来，白纸黑字，桩桩件件都是工作付出，再遇到喜欢临时指派下属的老板，这些证据可以证明你到底有没有做事情。

有些老板的高压仿佛带有某种可怕的"辐射"一般，在他的范围之内，无论是他每天出没的办公室还是终于看不见他的蜗居里，"辐射"的威力无处不在，让人气馁。

抱怨本身不解决任何问题。心存感激地工作，你将会从过去的糟糕体验中摆脱出来，仿佛注入了很强的动力。这种心态可以营造出一个良好的气氛，带动一切向好的方向发展。渐渐地体验到超越自己的快感，越理解老板，就越能保持工作的激情，而工作也就更加快乐。

职场压力巧排释

每个人都有压力，职场人一旦产生了心理压力，如何调节与缓解便成为很现实的问题。这方面可分成两部分：第一是针对压力源造成的问题本身去处理；第二是处理压力所造成的反应，即情绪、行为及生理等方面的缓解。

1. 把握问题处理技巧

一般人面对自己无法顺利处理的压力源时，常常采取较不理智的方式，如逆来顺受、逃避、紧张或鲁莽行事。然而，这样的态度往往无法有效处理问题，有时还会惹来更大的麻烦。由于问题处理过程是扮演压力调节最重要的把关者，一旦处理过程出了问题，压力严重程度就可能大增或持续时间更久，可能造成严重的情绪、生理及行为的伤害，导致各种心身疾病的发生，甚至引发精神病体质，形成各类的精神病。

较理智的处理问题态度为冷静面对并加以解决。克服问题过程的标准步骤如下：

认清压力事件的性质；

理性思考及分析问题事件的来龙去脉；

确认个人对问题的处理能力；

累积寻求能帮助解决问题的资讯，包括如何动用家庭及社会环境支持系统；

运用问题解决技巧，拟定解决计划；

积极处理问题。

若已完全尽力，而问题仍没有在短时间内解决，则表示问题本身处理的难度甚高，有可能需要长期奋战不懈。除了必须培养坚忍不拔的斗志之外，可能还需要其他的精神力量支持。

2. 压力反应处理

无论问题处理的结果如何，处理过程所产生的压力对心身都会造成明显的影响。因此，如何适当处理心身的反应，也是压力管理相当重要的一环。

（1）情绪缓解

情绪的不恰当表现常会干扰问题解决的过程，甚至会使问题本身恶化。如果无法有效处理情绪，认清或解决问题会变得更加困难。如何有效缓解情绪也成为问题处理过程中相当重要的关键，否则，即使拟好理想的问题解决计划，也可能遇到情绪失控，使成效大打折扣。在接受任何形式的心理治疗初期，疏通情绪是最重要的步骤，这样才有办法逐渐进入问题的核心。情绪缓解的办法如下：

认清并接受情绪经验的发生。情绪经验的发生是相当正常的，因此，觉察自己的情绪，并接受自己情绪的过程，会使自己正面去看待情绪本身，从而采取较为适当的行动。问题的根本不在情绪本身，重要的是当事人对情绪的扭曲及压抑，而后发生种种问题，如果没有正常情绪的存在，反而可能为情绪所奴役。

（2）情绪调节

适当的情绪宣泄，有助于恢复思绪的平衡，如寻找忠实的聆听者诉苦，对方也可以给予精神上的支持与关怀。另外，也可以在不干扰别人的前提下，痛哭一场或打枕头，把情绪适当宣泄出来，以避免在解决问题的重要时刻把不适当的情绪表露出来。

（3）保持乐观

危机即是转机。会遇到困难，一方面可能是自己的能力不足，

227

因而整个问题处理过程就成为增强自己能力、发展成长的重要机会。另一方面，也可能是环境或他人的因素，则可以理性地沟通解决，如果无法解决，也可宽恕一切，尽量以正向乐观的心态去面对每一件事。如同有人研究所谓乐观系数，发现一个人常保持正向乐观的心态，处理问题时，他就会比一般人多出20%的机会得到满意的结果。因此，正向乐观的心态不仅会平息紊乱的情绪，也较能使问题导向正面的结果。

（4）行为上的调适

应该避免不适当的行为习惯，如滥用药物、酗酒、大量抽烟及涉足不良场所等。应该培养正当的休闲娱乐，如与朋友聚会、登山、参加公益活动及技艺学习、团体活动等。特别是运动，可以有效地使生理、心理状态平静下来，因为压力会促使肾上腺素分泌及流动性增加，而运动则可以减低并消散其作用。因此，建立长期规律适当的运动习惯，是对抗压力相当重要的方式。

（5）生理反应的调和

当一个人在沉思、冥想或从事缓慢的松弛活动时，如肌肉松弛训练、瑜伽、打坐等，在体内会产生一种宁静气息，使得心跳、血压及肺部氧气的消耗降低，而使身体各器官得到彻底休息。对于常不自觉使自己神经紧绷，甚至下班后仍满脑子工作压力的人而言，这是相当重要的观念。下面是具体的办法：

首先，闭上眼睛，用手掌将眼睛捂住，但是不要压迫、按摩、揉搓眼球，使眼睛能够有效地离开光线。然后，头脑中想象一个使自己感到愉快的景象或事件，将眼睛依次顺序地移动到这一景象或事件的各个部位。比如，想象自己看到了北京的北海公园，首先想象看到了近处的湖岸，再看到了湖面，湖面上有游船、白塔，然后看湖边的树木，最后看远处的景山。

在运用这个方法时，眼睛的移动是十分重要的。大概只需要几分钟，就可以身心放松了。无论什么时候自己感到紧张，都可以使用这个方法。

另类的职场排压智慧

排释工作压力的方法有很多，这就需要我们及时将工作中的压力、坏心情予以释放。释放的方法除了常规的阅读、倾诉、在家看电视、蒙头大睡、唱 KTV、郊游旅行、网络聊天之外，还有一些另类的职场排压智慧，你不妨一试。

1. 暴力减压

"随身带个小皮球，郁闷时偷偷捏一捏。"美国一个专为白领排忧解难的服务网站建议。随身携带一个网球、小橡皮球或什么别的软质物品，遇到压力过大需要宣泄的时候就偷偷地挤一挤、捏一捏，显然要比在大家目瞪口呆之下歇斯底里地撕废纸、捶桌子要好得多。

据说，在法国有一家"减压餐馆"，用餐客人可以任意掀翻桌子、摔断椅子。北京一家外企办事处的办公室角落里也堆着各式各样的流氓兔，专供员工们拳打脚踢。另据一项在北京的调查，84%的男受访者观看了今年的足球世界杯比赛，而女观众居然也超过了女性中的半数。由此可见，这类让情绪尽情释放的比赛，越来越受到欢迎。

2. 食物减压

一项最新医学研究发现，某些食物可以非常有效地减少压力。比如，含有 DHA 的鱼油，鲑鱼、白鲔鱼、黑鲔鱼、鲐鱼是主要来源。此外，硒元素也能有效减压，金枪鱼、巴西栗和大蒜都富含硒。

维生素 B 家族中的 B_2、B_5 和 B_6 也是减压好帮手，多吃谷物就能补充。工作的间隙，不妨来一杯冰咖啡，能够很好地舒缓心情。在饮食上下点功夫，可谓举手之劳。

当然了，如果饭局应酬太多，没办法总能很好地规划自己的饮食，或者吃得太多，肚里再也装不下了，那就在包里放盒维生素片或鱼油丸之类，随时补充。不过，专家们指出，靠食物或者维生素减压，必须持之以恒，每天形成习惯。1 个月之后，就能慢慢见到成效。

3. 写作减压

有一项测试，把一部分白领分成 3 组进行测试：一组只写对失业的想法以及失业对个人生活带来的负面影响；第二组写今后的计划以及如何找新工作；最后一组什么也不写。结果，在连续 5 天每天 30 分钟的写作试验之后，在接下来的 1 个月内，那些写自己如何不幸的失业者更容易找到新工作。

这项测试说明了一个道理：写作是一种效果显著的减压办法，只要一支笔一张纸走到哪里都可以进行。在美国，不仅医院大夫鼓励病人记病床日记，就连一些书店也开始卖空白病历日志本，甚至还有专门的书籍和杂志指导病人如何记病床日记。

4. 工作减压

许多身居高位的经理人，往往事必躬亲，凡事都要亲自把关。可一个人的精力是非常有限的，企业的方方面面不可能都能兼顾。某网站的专家指出，信任下属和同事、适当放权才是避免"积虑成疾"的正道。当然，前提是，企业领导人们必须做好充分的准备：花一些时间悉心调教属下，让他们能够领悟你的经营之道——其实，在这个过程中，你也能挖掘出未来的领导者。

那些普通白领，或者说一个人做老板、没人分担工作的人，在那么多 deadline 堆在面前要完成的时候又该如何应对呢？一个做媒体出版的朋友介绍他的减压法：工作安排一定要得当，可以列一个电子报表，每天更新，哪些是要接的活、哪些是正在做的活、哪些是必须马上送到客户手里的活……一目了然。

5. 睡眠减压

有了旺盛的精力，才能抵制压力的侵袭，睡眠便是一个重要保证。美国心理学会的专家给出以下别出心裁的小贴士：

如果外界噪声让你难以入眠，那就人为制造一些"白色噪声"，比如让电视机一直小声地开着，盖过讨厌的噪声。

睡觉前少量吃些小点心，只一点点是不会发胖的，这样夜里就不至于因为饥饿而惊醒。

金枪鱼、火鸡精肉、香蕉、热牛奶、中草药茶等食物都可以催眠。脂肪高、辛辣的食物在消化过程中都会让你无法入睡。

如果上床后脑子里还在想事情，那就在床头放一个录音机、记事本什么的。想到什么就马上记录下来，不用担心第二天醒来会忘记。

不要羡慕那些吹嘘自己压力有多大、缺乏睡眠、时间不够用的同事。说不定哪一天你会参加他们的葬礼，或者至少去医院探望他们。

回味第一天上班的感觉

我们应该养成经常"回味第一天上班的感觉"的习惯，始终有意识地问问自己：我们改变了什么？我们求新了什么？我们是进步了还是退步了？我们离最初自己的理想和对自己的期望还有多远？

回味第一天上班的感觉，会帮助我们追求卓越，很多东西都是通过后天的努力而成功的。一个人要想成功，追求卓越必不可少。在追求卓越的过程中，无论是领导者，还是一名普通员工，都要有积极的心态。为了事业的成功，我们一定要做一个有勇气追求卓越的人，不随便妥协，也不随便放弃，并不过分自傲，对事务非常执著，而且勇气十足地去追求卓越。即使失败了，也有人佩服你的勇气。这也是工作富有激情的具体体现。勇往直前，一定会登上巅峰，享受"无限风光在险峰"的乐趣。

经常回味第一天上班时的感觉，你就不会只把工作当做一件差事，或者只把目光停留在工作本身，就可以始终保持对工作的激情。如果你把工作当做一项事业来看待，情况就会完全不同。

回味你第一天上班时的感觉，你就经常会找到在工作中激情四射的状态，可以帮助现在的你较快地恢复工作激情。

回味第一天上班时的感觉，你就会发现：虽然当初你可能是因为兴趣而选择了这一种职业，但做久了的你现在发现，使你充满激情地做下去的不再只是初始的兴趣，更多的是一种责任，一种因为热恋而产生的眷恋，一种因为取得成绩而坚持下去的信心。这个时候，兴趣已经转化为一种更加深厚的激情了。

回味第一天上班时的感觉，你会发现今天的成就就是昨天的积累，明天的成功则有赖于今天的努力。你已经把工作和自己的职业生涯联系了起来，会对自己未来事业负责，你会容忍工作中的压力和单调，觉得自己所从事的是一份有价值。有意义的工作，并且从中可以感受到使命感和成就感。

回味第一天上班时的感觉，你会不断树立新的目标。保持长久激情的秘诀，就是给自己树立新的目标。在你解决了一个又一个的问题之后，自然就会产生一些小小的成就感。这种成就感是让激情每天都陪伴自己的良方。

回味第一天上班时的感觉，你发现你自己已经学会释放压力。面对压力，你已经学会了管理压力，并科学地释放压力，减轻了对工作的恐惧感，心情更轻松，也更容易感染激情。

回味第一天上班时的感觉，你会时刻提醒自己切勿自满。你不会满足于已经取得的工作成绩，而忽略了开创未来的重要性。你会把过去的成绩当做激励自己更上一层楼的动力，试图超越以往的表现。

回味第一天上班时的感觉，点燃你心中的激情，从工作中发现乐趣和惊喜，在工作中发挥特长和创造人生的奇迹吧！

如果说憧憬、希望和彷徨，是第一天上班时的感受的话，那么在经历过憧憬、希望和彷徨之后，长时间占据你的心灵的，就是要激情飞扬地去面对你的工作。

"态度决定一切，细节决定成败。"当你经常回味第一天上班时的感觉时，你更容易找到正确的心态，也更容易找到适应环境的方法，就会全身心地、满怀激情地投入到工作中来。你的生活和工作一定会百尺竿头，更进一步！

换个角度去思考

在平时的聊天中，不少同事都感到工作压力大，事务繁忙，有喘不过气的感觉。的确这样，这是当今社会激烈竞争造成的。但是，如果我们对于同样的事情，持有不同的心态，就会有不同的感受。

没有一件工作会令人天天愉快、年年顺心。当你觉得工作乏味、身心疲惫，甚至产生换工作的念头时，不妨先转换你的心情，试着换一种心情去工作。

做一行怨一行的例子正好反映了现代年轻人找工作时最流行的一句时髦话：钱多事少离家近。难怪工作比较长的员工和人事管理工作者大叹现代的年轻人过于任性、大胆，对于工作的真正意义及目的全然不知，更别谈工作的神圣意义及使命感。

他们换工作全凭自己的"喜好"，而"喜好"又取决于当时的"心情"。所以，在工作时常常会听到这样的谈话：我最近心情不好，想换换工作。这份工作压力太大了，心情不好时真想不干了。

其实，每一份工作或每一个工作环境都无法尽善尽美，令人称心如意，现实的问题与理想的目标永远都存在着或多或少的距离。

然而仔细想想，自己从事过的每一份工作或每一个环境，多少都存在一些宝贵而丰富的经验与资源，诸如失败的体验、自我成长的喜悦、稳定的收入、温馨的工作伙伴、值得感谢的领导等。

此外，不管你喜欢或讨厌的老板、主管或同事，他们都是你人生中值得学习或引以为鉴的对象。因此，如果你能每天带着一颗知恩感恩的心去工作，相信你的心情也会愉快且态度更趋积极。

一般人在工作不如意时，常不知去追根究底，找出自己真正面临的问题或原因，而期待环境能为自己而改变，或他人能为自己而改变，当期待落空，确定环境或他人不会因自己而改变时，心中自然产生失望与无助，这时就会影响到一个人的心情，并打击工作热情。事实上，在现实的生活里，只有靠自己的调节，改变自己的思考及态度，才能去影响别人并改变环境，而这种调节，即是将负面思考调整为正面思考的重要枢纽，也是左右心情的关键。当你想换工作时，不妨先打开调节的枢纽，尝试去调适自己的心情，再检视离职原因是否确实存在而难以改变。总之，没有一件工作会令人天天愉快、年年顺心。任意改变工作的结果，使得一切都得从头来过，难以掌握的压力更大。当你内心兴起"另起炉灶"或"此地不留人，自有留人处"的念头时，不妨先转换你的心情，以新的角度看待工作、看待事情，或许让你不舒服的想法就会瞬间打消。

在不景气的时候，因为害怕丢掉饭碗，许多员工经常使出各种花招，将其他同事踩在脚底下，以证明自己"能力最强"。这些不好态度所带来的负面效果要比想象中大得多，愈是经济不景气，企业求生存更要强调向心力与团队精神。如果有少数人在危机感发生时，就出现"名人自扫门前雪，休管他人瓦上霜"的态度，反而会使企业的整体效益降低。

这些因害怕丢掉工作，致力于表现的人，内心世界其实相当焦虑。以这种心情来工作，往往反而无法发挥效率。即使能够暂时发挥出效率，也无法维持长久。长期处于高度压力下，对身心健康也有负面的影响。

面对这类压力，最重要的是让自己对工作拥有强烈的热情，同时保持着热爱工作的心境。强烈的热情是进步的原动力，能让人处事积极进取，充满活力，让我们从工作中不断创新学习，并从学习中不断成长进步，进而肯定自己，活出自信。

如果没办法突破压力的困境，就换个角度想想，现在能找到工作就很不错了，有份稳定的工作使生活比较有保障。因此，让自己热爱工作，并积极创造在工作中的成就感，同时告诉自己，上班就是将时间转为薪水的过程。每天上班前，至少给自己一个今天要去上班的目标及动力，将原本被迫要完成工作的心情转换成是自己主动去进行工作，这样工作起来会快乐许多。无论是生活还是工作，都是靠自己经营创造。当无法选择时，换个方向思考也能得到不错的结果。

感受快乐，感谢生活

人的一生长不过百年，掐"头"去"尾"，真正从事工作的时间也就那么二三十年。这样一想，我们真的应该珍惜这几十年的光阴。其实，生活中哪有样样令人满意的事？我们要善于看到生活的光明处，从中感受到真正的快乐。

我们有幸于世，应当感激生养我们的父母，父母在我们的身上倾注了无私的爱和毕生的心血并寄予厚望。然而，人生有限，我们应当履行的义务和所能尽的孝顺太少太少，我们内心是惭愧的。但是，我们更多的时间是生活在陌生人中间，社会给予了我们生存选择的空间，我们唯一尚可弥补的是靠我们在社会上拼命努力工作试图有所成就，借此以使父母内心获得安慰，我们自己也才稍稍心安。要珍惜在社会上与人相遇相处的缘分，因为它也是有限的。

一个人在有限的人生不荒废度过，最终能画上一个圆满的句号，并不是一件简单的事情；有些人努力了但没有机会，有些人有机会却不去珍惜白白错过，两者皆是一种悲哀。除了我们自身的努力之外，在人生有限可以奋斗的阶段里，能够有机会、有计划、有目标如愿选择理想的工作岗位与职业，按部就班地推进，的确不易；能被有着优秀企业文化、知名的、一流的、规范化的大企业或喜欢的行业机构所接纳，从事自己愿意从事的事业，又怎不是一种幸运？它不仅让你找到发展的广阔空间，同时你也可以学习到许多实践中的最新经验，对于人生积累、知识储备、今后谋求稳扎稳打突破性发展，实在难得和宝贵！

感激之心是一种谦让，因为谦让，你才会找到自己的不足，学他人之长；你才会与人为善，尊敬友好地对待别人；因为感激，你才会珍惜机会、珍重友谊；因为感激，我们在工作当中不是只讲条件不讲奉献，只讲待遇不讲努力；因为感激，我们不是要求别人该怎么样，而是我们给别人做了些什么？

生活对于那些懂得感恩的人，充满了机会，如果你以积极、感恩的心来生活，你就会吸引积极、感恩的人聚在你的周围。

当我们懂得感恩的时候，我们就会对我们已经拥有的心存感激，就会自然地、快乐地与别人分享你的幸福，你分享的越多，你得到的也越多，你就有更多的幸福与别人分享。心存感激就会在任何情况中，包括在困难、缺乏、危险中，发现有益的因素，在繁杂的事务中提取好的方面。心存感激打开了富足之门，它将拒绝变成接纳，将混乱变成秩序，将一餐饭变成盛宴，将一个房子变成一个家，将一个陌生人变成朋友。心存感激使我们理解过去，以平静的心面对现在，并对未来产生新的期盼。

在生活和工作中，的确有一些简单的方法来培养感激的心态。你所要记住的是：生活的每一天都是一份贵重的礼物，我们有潜力将每一天变成一项杰作。你所要抓住的是：及时捕捉到你抱怨的情绪和行为，及时将负面的想法变成正面的想法。你所要写下的是：每天所有令你感激的事，即使是最轻微的感激。你所要表达的是：向你的家人、朋友、同事表达你的感激，确切地告诉他们：他们为你做了什么，你的感受如何。

中国古语有"滴水之恩，当涌泉相报"，西方人有"感恩节"，东西文化虽有差异，但人性本善，都是旨在倡导与人相处时一定要有"感恩互爱"、"知恩图报"、"助人为乐"的心理；有幸于世是一种感激，拥有并享受人世间那么多美好是一种感激；在全球经济普遍萧条、大量失业的现实下，有一份理想的职业，企业为员工完善各种保险制度，享受各类奖金福利待遇，真正成为企业的主人，难道我们不该去由衷地感激这种幸运和用心珍惜这种机会么?!

感激不是一句口号，也不是形式及勉强，感激应深深地潜存在我们的内心。因为时常心存感激，我们才会时时提示在我们的工作和生活当中，该努力做什么不该荒废什么；珍惜我们在世的每一时每一刻，珍惜人生的每一次机遇和幸运，珍惜我们所从事的每一份工作以及与我们朝夕相处的每一位同事；永远以感激和美好的心理，对待人和事，这样的人生才会"不虚此行"，才最具有价值和意义的，才是真正值得赞美的!